Unterwegs.
Religion begegnen.

5

Herausgegeben von
Prof. Dr. Burkard Porzelt (Regensburg)
Dr. Eva Stögbauer-Elsner (Regensburg)

Erarbeitet von
Andrea Dolschon (Regensburg)
Michaela Gilhuber (Traunstein)
Ursula Maria Haas (München)
Natascha Lachner (Burgkunstadt)
Eva-Maria Oettinger (Bad Kissingen)
Prof. Dr. Burkard Porzelt (Regensburg)
Bastian Priemer (Kulmbach)
Walter Putzer (Regensburg)
Benjamin Schmidt (Schwandorf)
Dr. Eva Stögbauer-Elsner (Regensburg)

Patmos

Liebe Schülerin,
lieber Schüler,

es ist kaum zu glauben, wie bunt der Glaube ist! Er ist so bunt, weil er in vielen Situationen des Lebens wurzelt. Dieses Buch zeigt euch zahlreiche Wege zu Religion und Glauben. Dabei begegnen euch Erfahrungen unterschiedlicher Menschen aus verschiedenen Zeiten. Da der christliche Glaube in der Vergangenheit gründet, birgt Unterwegs. Religion begegnen. spannungsreiche Erfahrungen aus der Bibel und der Geschichte des Christentums. Gleichrangig kommt aber auch das Leben heutiger Menschen zur Geltung, sei es, dass diese sich als Christinnen und Christen verstehen oder nicht. Und schließlich öffnen sich immer wieder auch Fenster zu anderen Religionen wie Judentum und Islam.

Jedes der fünf Kapitel nimmt euch mit auf eine besondere Reise, die drei Etappen umfasst. Wie bei einer echten Reise könnt ihr keine davon auslassen. Jede Etappe ermöglicht euch neue Einsichten und Erfahrungen zum Thema und ist gleichermaßen wichtig. Mit den Hinwegen startet ihr ins Thema des Kapitels. Dabei könnt ihr eure Fragen und Kenntnisse ins Spiel bringen und erste Entdeckungen machen. In den Durchgängen befindet ihr euch mitten auf der Reise. Aus vielerlei Blickwinkeln könnt ihr das Thema erkunden, wobei euch manche Überraschungen begegnen werden. Die Ausblicke beschließen das Kapitel. Auf diesem letzten Wegstück sind besonders eure eigenen Gedanken und kreativen Einfälle zum Thema gefragt.

Damit ihr Religion auf vielfältige Weise begegnen könnt, bietet euch dieses Buch ganz unterschiedliche Aufgaben. Aufmerksames Wahrnehmen ist dabei ebenso wichtig wie überlegtes Deuten und Beurteilen, gemeinsames Besprechen sowie eigenes Gestalten und Ausprobieren. Durch all diese Tätigkeiten könnt ihr selbst zu Forscherinnen und Forschern werden, die sich mit Religion auskennen, auseinandersetzen und dabei eigene Standpunkte entwickeln. Damit das gelingt, haben wir in jedem Kapitel besondere Doppelseiten gestaltet: Mithilfe von Innehalten 1 lernt ihr grundlegende Fertigkeiten; bei Innehalten 2 könnt ihr wichtige Inhalte eines Kapitels eigenständig durchdenken. Immer wieder findet ihr in den Kapiteln kleine ↗Pfeile. Sie verweisen auf ein kurzes Lexikon in diesem Buch (Seite 137 bis 141). Dort sind die mit Pfeilen gekennzeichneten Wörter erklärt.

Wir freuen uns, euch mit Unterwegs. Religion begegnen. ein Schulbuch an die Hand zu geben, mit dem ihr die bunte Welt von Religion und Glauben entdecken und erschließen könnt.

Die Autorinnen und Autoren sowie
Eva Stögbauer-Elsner und Burkard Porzelt als Herausgebende

Inhalt

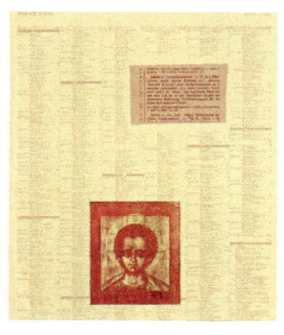

Gott offenbart sich

Die Bibel als Heilige Schrift des Christentums

Die Bibel – was für ein Buch?

Die ersten Tage an der neuen Schule sind für alle aufregend – für deine Eltern, für deine Lehrerinnen und Lehrer und natürlich auch für dich. Ein fremdes Schulgebäude, neue Menschen und viele Fragen: Werden die Lehrerinnen und Lehrer nett sein? Wie schwierig wird es? Werde ich Freundinnen und Freunde finden? An diese ersten Erfahrungen wirst du dich dein Leben lang erinnern, sie werden deine gesamte Schulzeit prägen.

Wenn du dein Religionsbuch durchblätterst, wirst du feststellen, dass das Thema „Bibel" gleich am Anfang steht. Dies ist ganz bewusst so gewählt, weil die Bibel das ursprüngliche Zeugnis, die Ur-Kunde des christlichen Glaubens ist. Sie wird die Basis für alle weiteren Themen dieses Schuljahres, ja sogar aller kommenden Schuljahre im Religionsunterricht sein, so wie die ersten Tage an der neuen Schule die Basis deiner Schullaufbahn sind. Kein Religionsunterricht kann beginnen, ohne die ersten Erfahrungen des christlichen Glaubens kennenzulernen, die in der Bibel stehen.

Die Bibel erzählt in vielen Geschichten von Erfahrungen, in denen Gott sich offenbart – er teilt sich mit und gibt sich zu erkennen. Diese Erfahrungen wurden aufgeschrieben, damit sie nicht vergessen werden – so wie manche Menschen ihre Erlebnisse in Tagebüchern festhalten. Je mehr Menschen begeistert von dem waren, was sie lasen, desto größer wurde die Zahl der Christinnen und Christen. Ihr seht also, wie wichtig die Bibel ist.

In den Hinwegen dieses Kapitels entdeckt ihr, wo euch die Bibel im Alltag begegnen kann. In den Durchgängen werfen wir einen Blick auf einzelne Texte, die von Erfahrungen mit Gott sprechen. Aber was nützen Erfahrungen, wenn man nichts mit ihnen anfangen kann? Deshalb wird die große Frage in den Ausblicken sein, ob die Bibel auch heute noch ein Wegweiser im Alltag sein kann.

Simon_boy, 14 Jahre: Ich finde die Geschichten aus der Bibel spannend, auch wenn ich mir nicht so recht vorstellen kann, dass das alles genau so passiert ist. Viele Geschichten kenne ich schon gut. Ich habe keine Lust, sie immer wieder im Unterricht zu hören.

Hannamausi2001, 13 Jahre: Ich kann nicht viel mit den Geschichten der Bibel anfangen. Immerhin sind sie 2000 bis 3000 Jahre alt. Die Zeiten waren ganz anders. Heute haben wir andere Probleme, für die die Bibel meiner Meinung nach keine Antworten liefert.

1 Fünf Jugendliche schreiben in einem Chatforum, wie sie zur Bibel stehen. Positioniert euch zu diesen Aussagen. Geht dabei so vor.

  a Teilt euer Klassenzimmer in drei Meinungsbereiche ein:
- Ich stimme der Aussage zu. (Tafel)
- Ich stimme der Aussage teilweise zu. (Mitte des Klassenzimmers)
- Ich stimme der Aussage nicht zu. (hintere Wand)

Markimark, 14 Jahre: Für mich ist die Bibel sehr wichtig. Ich stamme aus einer sehr religiösen Familie und wurde auch so erzogen. Abends haben mir meine Eltern oft aus der Bibel vorgelesen. Im Gottesdienst habe ich schon sehr viele Texte aus dem Alten und Neuen Testament gehört. Für mich gehört das einfach zu unserem Leben und unserer Kultur dazu.

Maria*lein, 12 Jahre: Ich kenne schon einige Bibeltexte aus dem Reli-Unterricht oder aus der Kirche. Es gehört irgendwie dazu, dass man ein bisschen was davon weiß. Das ändert aber nichts daran, dass ich die Texte oft schwierig zu verstehen finde und deshalb dann oft nichts mit ihnen anfangen kann.

Kleinevaaaa, 13 Jahre: Ich finde, dass man von der Bibel sehr viel lernen kann. Wie Jesus zum Beispiel mit den Menschen umgegangen ist, mit Armen, Kranken und Sündern … davon kann man sich schon mal eine Scheibe abschneiden. Klar, es ist lange her. Aber ich finde, dass gerade die Nächstenliebe heute besonders wichtig ist.

b Lest die erste Äußerung laut vor. Stellt euch dann in den Teil des Klassenzimmers, der zu eurer Meinung passt, und besprecht schließlich eure Standpunkte. Wiederholt dieses Vorgehen für alle anderen Chateinträge.

2 Lies die fünf Chateinträge noch einmal. Wie könnten die folgenden Satzanfänge ergänzt werden?
- Jugendliche tun sich mit der Bibel schwer, weil …
- Für Jugendliche ist die Bibel wichtig, weil …

a Schreibe pro Satzanfang drei Ergänzungen in dein Heft.
b Vergleicht eure Ergebnisse.

3 Denk dir einen Chatnamen aus und schreibe zwei eigene Sätze für das Internetforum in dein Heft. Stellt euch eure Texte anschließend gegenseitig vor.

Die Bibel im Alltag

![Motive der Bibel im Alltag]

1 Motive der Bibel im Alltag

1 Schau dir das Bild genau an und beschreibe, was du siehst.

2 Finde auf dem Bild so viele Hinweise wie möglich, die sich auf die Bibel beziehen könnten.

a Notiere deine Entdeckungen stichpunktartig ins Heft.

b Vergleicht zu zweit eure Notizen.

c Stellt eure Ergebnisse in der Lerngruppe vor und ergänzt eure Notizen um weitere Entdeckungen.

Die ersten Schultage sind geschafft

Die ersten Schultage sind geschafft, auch für Stefan. Eigentlich gefällt ihm alles ganz gut, die Schule ist toll und die Lehrerinnen und Lehrer sind alle wirklich nett. Obwohl, anfangs war es ein ziemliches Tohuwabohu. Das neue Schulgebäude, viele unbekannte Gesichter, die neuen Namen, die man sich merken soll. Neben wem werde ich sitzen? Was ist, wenn ich allein sitzen muss? Und dann dieser eine Mitschüler: Christian. Er war Stefan von Beginn an ein Dorn im Auge. Als sich am ersten Schultag alle Schülerinnen und Schüler vorstellen sollten, war Stefan so nervös, dass er zu zittern begann – und dieser Christian musste es natürlich durch die ganze Klasse posaunen. Nein, mit dem wird Stefan so schnell auf keinen grünen Zweig kommen. Na ja, man kann ja nicht mit jedem ein Herz und eine Seele sein. Dabei sieht er eigentlich ganz nett aus. Vielleicht ist er ja ein Wolf im Schafspelz. Gut, dass viele andere aus der Klasse nett sind. Jonas gehört auch dazu.

Er ist schon seit der Grundschule ein echter Freund.

Die Klassenlehrerin ist sehr freundlich. Nur das eine Mal, da hat sie Stefan ganz schön die Leviten gelesen. Da war es tatsächlich viel zu laut in der Klasse. Dass sie gerade ihn zum Sündenbock machte, konnte Stefan überhaupt nicht verstehen, hatte er doch gar nichts angestellt. Als er an diesem Tag nach Hause kam, standen ihm die Haare vor Wut zu Berge. Gut, dass seine Mutter gleich merkte, dass etwas nicht stimmte. So konnte er ihr in Ruhe sein Herz ausschütten. Auf Mutters Rat hin ist Stefan am nächsten Tag nach Stundenende zu seiner Lehrerin gegangen. Er konnte alles mit ihr klären. Super, wenn man mit den Lehrerinnen und Lehrern über seine Probleme sprechen kann.

3 Alle farbig gedruckten Ausdrücke im Text stammen aus der Bibel.
  a Lest die Geschichte laut vor.
  b Besprecht zu zweit, was die einzelnen Redewendungen bedeuten könnten.
  c Notiert die Redewendungen, die euch unbekannt sind. Klärt sie anschließend in der Lerngruppe.

4 Enträtsle die Redewendung.
  a Finde heraus, welche Redewendung oben verbildlicht ist.
  b Wähle selbst eine andere biblische Formulierung aus Stefans Geschichte und stelle sie in deinem Heft bildlich dar.

  c Geht nun durchs Klassenzimmer und ratet, welche Redewendungen auf den Zeichnungen zu sehen sind.

5 Ein Buch zum Einschmiegen?
  a Lass das Eingangsbild (Seite 7) kurz auf dich wirken.
  b Überlege, ob es für dich ein bestimmtes Buch gibt, in das du dich am liebsten hineinkuscheln würdest.
  c Wer will, kann den anderen mitteilen, was ihm oder ihr eingefallen ist.
  d Passt das Eingangsbild zur Bibel? Diskutiert eure Meinungen.

Die Entstehung der Bibel

Ein Erinnerungs- und Hoffnungsbuch entsteht

Wir befinden uns im Jahr 586 vor Christus, an einem Tag, an dem etwas Furchtbares geschehen ist. Die Babylonier sind gekommen und haben die Stadt Jerusalem eingenommen, den Königspalast, die Stadtmauer, ja sogar den ↗Tempel zerstört. Tausende Israeliten sollen nach Babylon verschleppt werden. Es ist der Beginn des ↗Babylonischen Exils.

Mirjam (niedergeschlagen): Unsere Lage ist aussichtslos, ich hätte nie gedacht, dass uns so etwas je widerfahren kann.

Schimon (ermunternd): Sag mir, Mirjam, wie oft war die Lage unseres Volkes schon aussichtslos – und Gott hat uns geholfen? Du darfst nicht den Mut verlieren.

Mirjam (genervt): Ach, hör mir damit auf. Die ganzen alten Geschichten, die sowieso jeder anders erzählt. Jetzt siehst du doch, dass kein Gott da ist, der uns hilft.

Daniel (nachdenklich): Ich sehe das ähnlich wie Mirjam. Vielleicht sind ja auch die Geschichten über die Götter der Babylonier richtig. Immerhin hat uns das babylonische Heer vernichtend geschlagen.

Schimon (überzeugt): Nein, nein, nein. Gott wird uns helfen. Vielleicht nicht sofort, vielleicht anders als wir denken, aber er wird uns helfen, so wie er uns schon öfter geholfen hat. Erinnert ihr euch nicht an die alten Geschichten, wie Gott durch Mose das Meer geteilt und sein Volk aus der Sklaverei in Ägypten befreit hat? War diese Situation denn nicht ähnlich wie heute? Ich habe eine Idee …

Mirjam (überrascht): Hey, an diese Geschichte habe ich mich fast nicht mehr erinnert, da ging es unserem Volk tatsächlich mindestens genauso schlecht wie jetzt. Vielleicht hast du ja doch recht. Was hast du denn für eine Idee?

Schimon (aufgeregt): Ich werde so viele alte Geschichten wie möglich sammeln. Ich werde sie aufschreiben. Jeder soll sich daran erinnern, was Gott uns schon Gutes getan hat. Jeder soll dadurch auch in der jetzigen Situation Hoffnung bekommen.

Daniel (nachdenklich): Hm, du wirst viele Helfer brauchen, Schimon. Einige Geschichten sind übrigens schon schriftlich festgehalten, vielleicht kannst du mit diesen ja was anfangen. Viel Glück, das wirst du brauchen!

1 Drei Freunde unterhalten sich aufgeregt. Lest den Text in verteilten Rollen. Achtet dabei auf die Adjektive, die nach den Namen in Klammern angegeben sind.

2 Mirjam ist nach dem Gespräch ganz aufgebracht. Sie trifft ihre Freundin Salome, die traurig aus der Richtung des zerstörten Tempels kommt. Mirjam stürmt auf sie zu und versucht sie zu trösten, indem sie von ihrem Gespräch mit Schimon und Daniel erzählt.

a Schreibe in eigenen Worten in dein Heft, was Mirjam zu ihrer Freundin sagt.
b Stellt eure Ergebnisse in der Lerngruppe vor.

3 Schreibe die folgenden Satzanfänge in dein Heft und vervollständige sie: Die Bibel kann als Erinnerungsbuch bezeichnet werden, weil … – Die Bibel kann als Hoffnungsbuch bezeichnet werden, weil …
Vergleicht eure Ergebnisse.

W Lange Zeit geben die Israeliten die vielen Geschichten ausschließlich mündlich weiter. Eltern teilen sie ihren Kindern mit – und am Lagerfeuer wird erzählt, wie Gott gegen Feinde geholfen und seine umherziehenden Stämme begleitet hat.

T Im Laufe der Zeit werden die vielen Texte aus dem Babylonischen Exil ergänzt und erweitert. Die Büchersammlung des ↗Alten Testaments ist geboren. Die Sprache des Alten Testaments ist größtenteils Hebräisch.

E Die alttestamentlichen Schriften gibt es bereits, als Jesus geboren wird. Jesu Worte und Taten sind im ↗Neuen Testament niedergeschrieben. Auch sie werden zunächst mündlich weitererzählt, bis sie später verschriftlicht werden. Die Sprache des Neuen Testaments ist Griechisch.

O Auch wenn die Geschichten noch lange mündlich weitererzählt werden, beginnt man schon am Hof des Königs David und seines Sohnes Salomo, einzelne Geschichten zu sammeln und aufzuschreiben.

R Die meisten alttestamentlichen Schriftstücke werden im ↗Babylonischen Exil verfasst, als es den Israeliten schlecht geht und viele verzweifelt sind. Die Erfahrungen mit Gott werden aufgeschrieben, damit sie nie wieder vergessen oder verfälscht werden.

4 Die Bibel entstand in fünf Schritten.

  a Lies die Textkästchen aufmerksam durch.

  b Finde jetzt heraus, welches Kästchen zu welchem der fünf Bilder gehört. Notiere die grünen Großbuchstaben in der richtigen Reihenfolge untereinander in dein Heft.

  c Denke dir zu jedem der Kästchen eine zum Inhalt passende Überschrift aus und schreibe sie neben den jeweiligen Großbuchstaben in dein Heft.

  d Tauscht euch anschließend über eure Lösungen aus und verbessert sie gegebenenfalls.

5 Der Satz „Am Anfang schuf Gott Himmel und Erde" würde im Hebräischen in etwa so aussehen: „dr dn lmmh ttg fhcs gnfn m".

  a Entschlüssle das Rätsel und mache Aussagen über die Besonderheiten der hebräischen Sprache.

  b Versuche, deinen Namen nach Art der hebräischen Sprache in dein Heft zu schreiben.

Die Bibel: ein Buch aus vielen Büchern

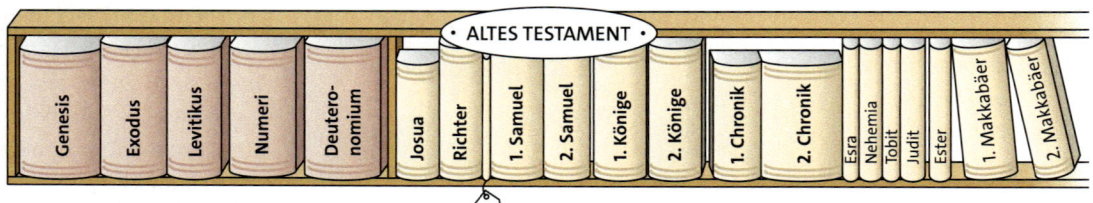

• ALTES TESTAMENT •

Genesis · Exodus · Levitikus · Numeri · Deuteronomium · Josua · Richter · 1. Samuel · 2. Samuel · 1. Könige · 2. Könige · 1. Chronik · 2. Chronik · Esra · Nehemia · Tobit · Judit · Ester · 1. Makkabäer · 2. Makkabäer

Rut

Die fünf Bücher Mose (Tora)

entfalten eine große Erzählung, in der Gott die Welt erschafft, besonderen Menschen begegnet und schließlich das Volk Israel erwählt – bis hin zur Ankunft der Israeliten im Gelobten Land. Wichtige Figuren sind Noach, Abraham, Sara und Mose. Unter dem Namen ↗Tora (übersetzt: „rechter Weg") bilden diese Bücher die Glaubensgrundlage für Juden und Christen.

Die Geschichtsbücher

beinhalten Erzählungen der zwölf Stämme Israels, die im Gelobten Land sesshaft wurden. Kriege und Heldentaten werden ebenso erzählt wie spannende Geschichten über weise Anführer, die Richter, die das Volk vor Feinden schützten. Auch von den ersten großen Königen des Volkes Israel, wie David und Salomo, kann man hier lesen.

Die Evangelien

nach Matthäus, Markus, Lukas und Johannes erzählen vom Leben, Wirken und Sterben Jesu sowie von seiner Auferstehung. Für die vier ↗Evangelien war klar, dass Jesus der ↗Messias ist, der im Alten Testament angekündigt wurde. Diese Frohe Botschaft ist die Grundlage des christlichen Glaubens.

Die Apostelgeschichte

wurde vom Evangelisten Lukas als Fortsetzung zu seinem ↗Evangelium geschrieben. Sie erzählt von der Missionstätigkeit der zwölf ↗Apostel (vor allem des Petrus und des Paulus), aber auch von Anfeindungen, denen die ersten christlichen Gemeinden ausgesetzt waren.

• NEUES TESTAMENT •

Matthäus · Markus · Lukas · Johannes · Apostelgeschichte

---

1 Betrachtet die Doppelseite und beschreibt euch gegenseitig, was euch auf den ersten Blick auffällt.

2 Lies die Texte auf dieser Doppelseite.
 a Schreibe die folgenden Sätze in dein Heft und vervollständige sie:
  Die Bibel ist als Bibliothek dargestellt, weil …
  – Das ↗Alte Testament ist im Vergleich zum ↗Neuen Testament … – Das dickste Buch der Bibel ist … – Die schmalsten Bücher der Bibel sind … – Die Textkästen über die ↗Tora und die ↗Evangelien haben die gleiche Farbe, weil … – Die Anordnung der biblischen Bücher ist nicht zufällig, weil …
 b Sammelt und diskutiert in der Lerngruppe eure Ergebnisse.

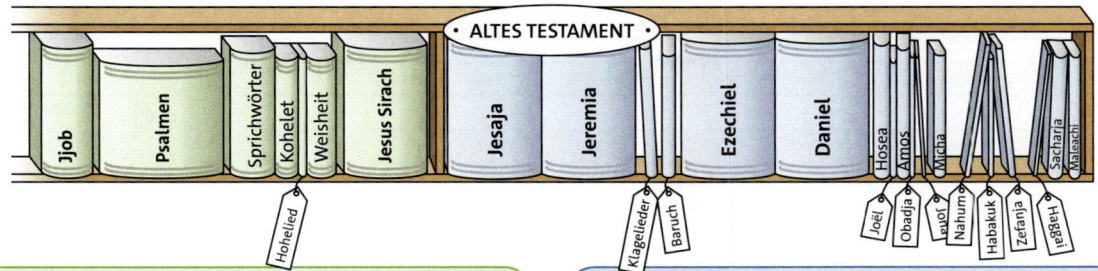

Die Weisheitsliteratur

besteht aus den ↗Psalmen und den Büchern der Lehrweisheit. In der Lehrweisheit finden sich viele Ratschläge und Regeln für den Alltag. Das Psalmenbuch überliefert Lob-, Dank-, Bitt- und Klagegebete, die bis heute gesungen und gebetet werden.

Die Bücher der Propheten

enthalten warnende, aber auch tröstende Worte von Propheten, die Missstände innerhalb des Volkes Israel aufdeckten und anprangerten. Als von Gott Berufene mahnten sie alle Menschen, ob Bauern oder Könige, zur Umkehr und setzten sich so für eine bessere Zukunft ein.

Die Briefliteratur

ist eine Sammlung von überlieferten Briefen, durch die wir vom Zusammenleben und Glauben der ersten christlichen Gemeinden erfahren, aber auch von Konflikten und den Ratschlägen, die zum Beispiel der ↗Apostel Paulus diesen Gemeinden gab.

Die Offenbarung des Johannes

beschreibt in prächtigen Bildern die zukünftige Herrschaft Gottes. Der Retter wird größer und mächtiger sein als jeder König auf Erden. Der Verfasser dieser Schrift will den damals verfolgten Christinnen und Christen Mut machen und Trost spenden.

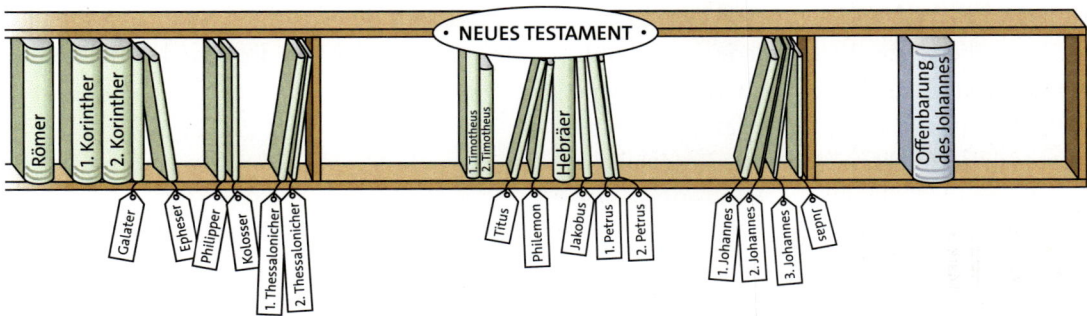

3 Lies die Informationen auf dieser Doppelseite noch einmal genau durch und notiere vier Fragen in dein Heft, die die Texte beantworten. Stellt euch diese Fragen gegenseitig und beantwortet sie.

4 Die Bibel ist ... • ... wie ein Garten. • ... wie eine Burg. • ... wie eine Schatzkarte.

a Entscheide dich für einen dieser drei Vergleiche und zeichne dieses Bild der Bibel in dein Heft.

Nimm die acht Gruppen der biblischen Bücher in deine Zeichnung mit auf.

b Präsentiert eure Kunstwerke und begründet dabei eure Entscheidung für Garten, Burg oder Schatzkarte.

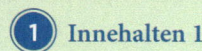

Biblische Bücher finden und zuordnen

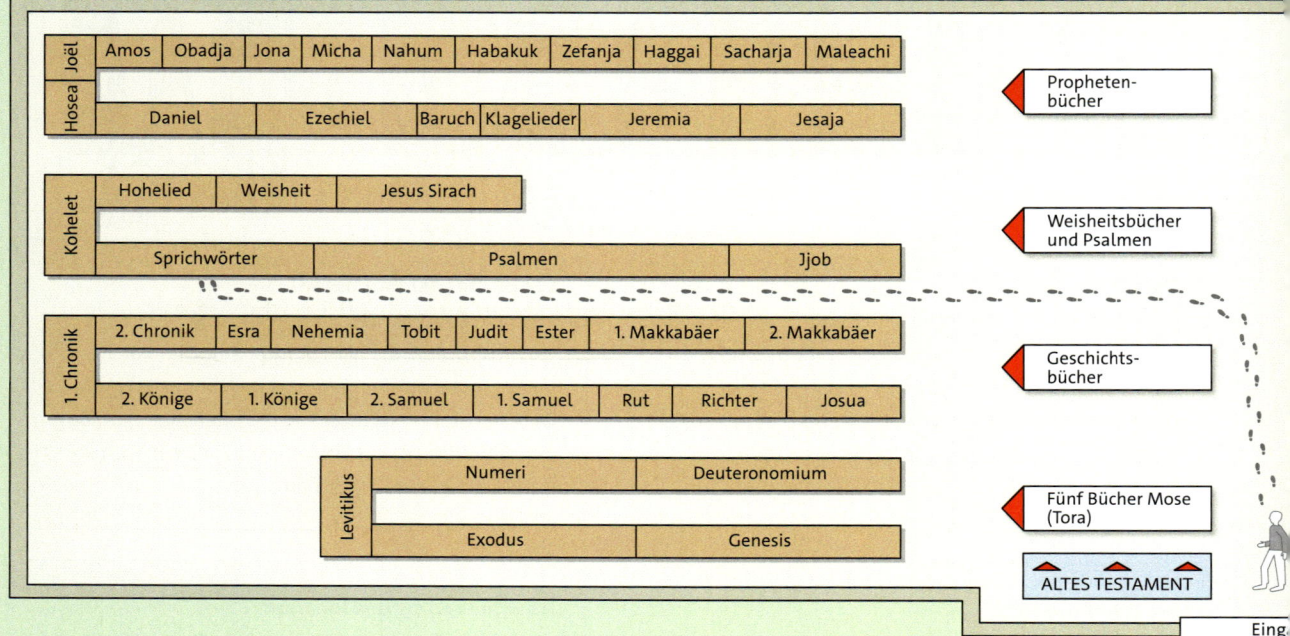

| Joël | Amos | Obadja | Jona | Micha | Nahum | Habakuk | Zefanja | Haggai | Sacharja | Maleachi |

Prophetenbücher

| Hosea | | | | | | | | | | |
| | Daniel | | Ezechiel | Baruch | Klagelieder | Jeremia | | Jesaja | |

| Kohelet | Hohelied | Weisheit | Jesus Sirach | |
| | Sprichwörter | | Psalmen | | Jjob |

Weisheitsbücher und Psalmen

| 1. Chronik | 2. Chronik | Esra | Nehemia | Tobit | Judit | Ester | 1. Makkabäer | 2. Makkabäer |
| | 2. Könige | 1. Könige | 2. Samuel | 1. Samuel | Rut | Richter | Josua |

Geschichtsbücher

| Levitikus | Numeri | Deuteronomium |
| | Exodus | Genesis |

Fünf Bücher Mose (Tora)

ALTES TESTAMENT

Eing.

Für das Finden von Bibelstellen ist es hilfreich, wenn du dir die Bibel wie eine Bibliothek vorstellst – so ähnlich, wie sie auf dieser Doppelseite abgebildet ist.

Die Türen der Bibliothek öffnen sich. Du betrittst den riesigen Lesesaal und stehst vor zwei großen Wegweisern, die in zwei verschiedene Abteilungen zeigen. Der Bereich des ↗Alten Testaments befindet sich auf der linken Seite, der des ↗Neuen Testaments in der rechten Hälfte des Lesesaals.

Nachdem du dich für eine Richtung entschieden hast, siehst du viele Regale, die als Quergänge angeordnet sind. Vor jedem Quergang weist ein Schild auf die Gruppe der dort im Regal eingeordneten Bücher hin. Nun kannst du mithilfe deines Vorwissens den richtigen Gang auswählen und in den Regalen das von dir gesuchte Buch finden.

1 Eine Schülerin sucht in der abgebildeten Bibliothek das Buch der Sprichwörter. Schreibe den genauen Weg, den sie gehen muss, in dein Heft. Beginne so: Zuerst läuft das Mädchen ..., weil ... – Dann ...

2 Finde das Buch.
Arbeitet zu zweit. Deine Partnerin oder dein Partner sucht sich in der Bibel-Bibliothek ein Buch aus. Du sollst den Titel des Buches finden, indem du Fragen stellst, die nur mit Ja oder Nein beantwortet werden können. Danach tauscht ihr die Rollen. – Ihr könnt eure Fragen etwa so stellen:

Bist du im Alten Testament unterwegs? Befindet sich dein Buch im Bereich der ...? Hat dein Buch ... geschrieben? Erzählt dein Buch über das Leben von ...?

3 Nimm eine Bibel, folge den vier Schritten und schreibe in dein Heft, was in Joh 21,25 steht. Finde auf gleiche Weise heraus, was in 2 Makk 2,25, in Koh 12,12 und in Dan 12,4 steht und schreibe auch diese Verse heraus. Ergänze jeweils in Klammern den Bibelcode. Unterstreiche schließlich jenes Substantiv, das allen vier Versen gemeinsam ist.

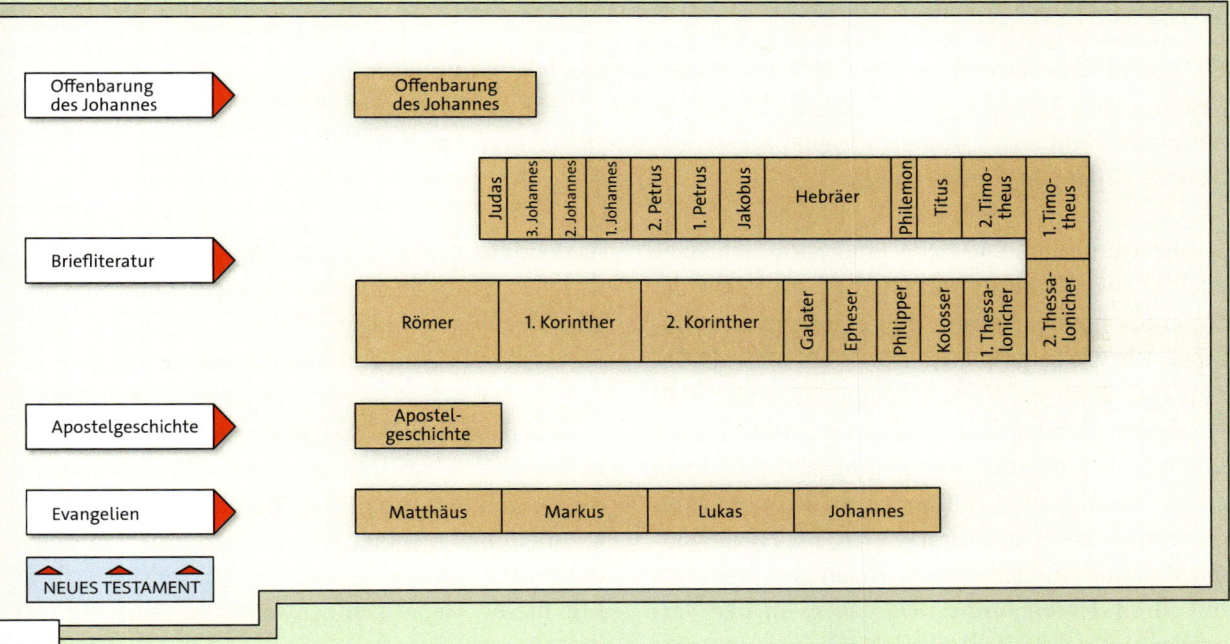

Oft kommt es vor, dass der Name eines biblischen Buches nicht ausgeschrieben ist. Für das Buch und die gesuchte Stelle wird eine Abkürzung verwendet. Diesen Code musst du vor der Suche in vier Schritten knacken:

1 Um einen Bibelcode – zum Beispiel Joh 21,25 – zu entschlüsseln, schlägst du zuerst das Abkürzungsverzeichnis im Anhang der Bibel auf. Dort findest du alle Bücher mit den jeweiligen Abkürzungen aufgelistet: Joh = Das Evangelium nach Johannes.

2 Danach hilft dir das Inhaltsverzeichnis in der Bibel weiter. Darin erfährst du, auf welcher Seite das Buch des Alten oder Neuen

Testaments zu finden ist. Wenn du die angegebene Seitenzahl aufschlägst, bist du am Anfang des gesuchten Buches.

3 Die erste Zahl des Bibelcodes gibt das Kapitel an: Joh 21,25 = Kapitel 21 des Evangeliums nach Johannes. Zur schnelleren Orientierung sind die Kapitelzahlen in der Bibel groß gedruckt, sodass du ganz einfach bis zum gewünschten Kapitel blättern kannst.

4 Die zweite Zahl gibt den Vers an: Joh 21,25 = Vers 25 in Kapitel 21 des Evangeliums nach Johannes. Die Verszahlen sind in der Bibel etwas kleiner gedruckt.

4 Der Anhang der Bibel hilft, knifflige Fragen zu beantworten.

a Teilt in der Lerngruppe auf, welche Schülerpaare für Frage A, B und C zuständig sind. Eure Fragen lauten: A Was geschah 597 v. Chr. sowie 7/6−4 v. Chr.? – B Was bedeuten die Namen „Adam" und „Eva"? – C An welchem Gewässer

liegt Masada, an welchem Magdala? Zu zweit habt ihr vier Minuten Zeit, um eure Frage zu beantworten. Das Inhaltsverzeichnis verrät euch, wo ihr im Anhang nachschlagen könnt.

b Klärt in der Lerngruppe, wer die richtige Lösung gefunden hat.

Gott trifft Abram

Abrams Entschluss

Diese Erzählung handelt von einer Zeit vor Tausenden von Jahren und spielt in Haran, einem Ort, der in der heutigen Türkei an der Grenze zu Syrien liegt. Folgendes könnte sich damals ereignet haben, als Abraham und Sarah noch nicht ihre späteren Namen trugen:

„Liebe Familie, meine liebe Frau Sarai, ich habe euch etwas Wichtiges mitzuteilen", eröffnete der Stammesoberste Abram die Familienversammlung. Alle waren gespannt. Das letzte Mal, als Abram eine derartige Versammlung einberufen hatte, bei der die gesamte Großfamilie sowie Knechte und Mägde anwesend waren, ging es um wirklich ernste Streitigkeiten mit anderen Clans um Weide- und Wasserplätze für das Vieh. Als Hirten hatten sie zwar eine feste Basis, zogen aber dennoch mit ihren Tieren umher. Da gab es in der Vergangenheit schon schlechte Stimmung, ja sogar Feindschaften. Aber diesmal sicher nicht. Hier in der Gegend um Haran war es seit langem friedlich. Es ging allen gut. Endlich hatten sie sich irgendwo eingelebt und fühlten sich wohl, dachte Sarai.

„Ich möchte euch nicht lange auf die Folter spannen", fuhr Abram fort. „Ich habe eine Entscheidung getroffen. Ihr habt einen Tag Zeit, dann brechen wir auf. Dieses Land werdet ihr nicht wiedersehen." Ein Raunen ging durch die um das Lagerfeuer versammelte Menge, aber keiner wagte es, nachzufragen oder gar zu widersprechen. Abram war der Stammesoberste, er allein entschied in allen wichtigen Fragen. Abrams Neffe Lot warf Sarai einen fragenden Blick zu, den sie jedoch nur mit einem Achselzucken erwiderte. Irgendetwas musste passiert sein. So kannte sie ihren Mann gar nicht, unüberlegt und spontan – Eigenschaften, die sie sich manchmal von Abram gewünscht hatte. Aber doch nicht jetzt, doch nicht mit 75 Jahren, die er schon zählte.

Mit diesen Gedanken schweifte ihr Blick durch die Menge. Fassungslose Gesichter überall. Lot umarmte weinend einen seiner Freunde, der inzwischen an die Feuerstelle gekommen war. Es hieß Abschied nehmen. Sie würde Abram in der Nacht vorsichtig fragen; jetzt war nicht der Zeitpunkt, vor all den Leuten, dachte Sarai. Aber sie hatte die Entschlossenheit in seinem Blick und die Klarheit in seiner Stimme erkannt. Sie wusste, dass die schöne Zeit in Haran vorüber war. Traurig entfernte sie sich von der Feuerstelle. Sie wollte allein sein, allein Abschied nehmen in dieser sternenklaren Nacht. Was war nur passiert?

1 Lasst euch die Geschichte auf dieser Seite vorlesen und schließt beim Zuhören die Augen.

2 Öffnet jetzt die Augen und notiert an der Tafel, wie Abrams Leute damals lebten und was Sarai oder Lot gegen Abrams Entschluss vorbringen könnten.

3 Abram begibt sich auf einen langen Weg.
  a Suche alle Ortsnamen aus Gen 12,1–9 (Seite 19) heraus und stelle den Weg Abrams auf einer Seite deines Heftes dar.
  b Zu welchem Ort könnte das Bild auf der Seite 19 am besten passen? Begründe deine Meinung.

Wie kam Abram zu dem erstaunlichen Entschluss, in hohem Alter mitsamt seinem Stamm aus Haran fortzuziehen? Die Bibel gibt uns Auskunft durch folgende Erzählung, in der Gott eine Hauptrolle spielt:

[1] Der HERR sprach zu Abram: Geh fort aus deinem Land, aus deiner Verwandtschaft und aus deinem Vaterhaus in das Land, das ich dir zeigen werde! [2] Ich werde dich zu einem großen Volk machen, dich segnen und deinen Namen groß machen. Ein Segen sollst du sein. [3] Ich werde segnen, die dich segnen; wer dich verwünscht, den werde ich verfluchen. Durch dich sollen alle Sippen der Erde Segen erlangen. [4] Da ging Abram, wie der HERR ihm gesagt hatte, und mit ihm ging auch Lot. Abram war fünfundsiebzig Jahre alt, als er von Haran auszog. [5] Abram nahm seine Frau Sarai mit, seinen Neffen Lot und alle ihr Habe, die sie erworben hatten, und alle, die sie in Haran hinzugewonnen hatten. Sie zogen aus, um in das Land Kanaan zu gehen, und sie kamen in das Land Kanaan. [6] Abram zog durch das Land bis zur Stätte von Sichem, bis zur Orakeleiche. Die Kanaaniter waren damals im Land. [7] Der HERR erschien Abram und sprach: Deinen Nachkommen gebe ich dieses Land. Dort baute er dem HERRN, der ihm erschienen war, einen Altar. [8] Von da brach er auf zu dem Gebirge östlich von Bet-El und schlug sein Zelt so auf, dass er Bet-El im Westen und Ai im Osten hatte. Dort baute er dem HERRN einen Altar und rief den Namen des HERRN an. [9] Dann zog Abram immer weiter, dem Negeb zu. (Gen 12,1–9)

2 *Andreas Felger: Ruf Gottes (1975)*

4 Im Mittelpunkt der Erzählung stehen Gott („der HERR") und Abram. Gott spricht und Abram handelt.

a Sammle in Stichworten, was Gott sagt und was Abram tut.

b Was hältst du selbst von dieser Gottesgeschichte? Formuliert und besprecht eure Gedanken.

c Beschreibt mit eigenen Worten, wie Gott auf dem Bild dargestellt ist.

d Findet Gründe, die für und die gegen den Titel des Bildes („Ruf Gottes") sprechen.

Gott stiftet einen Bund

Die Bibel erzählt von Gott und den Menschen. Immer wieder begegnen sie sich. Eines der wichtigsten biblischen Wörter für ihre Beziehung lautet „Bund" oder – auf Hebräisch – ברית (berit).

Gleich mehrfach und sehr verschieden erzählt uns die Bibel vom ↗Bund Gottes mit den Menschen. Fünf Beispiele findet ihr auf dieser Doppelseite.

Noach

[8] Dann sprach Gott zu Noach und seinen Söhnen, die bei ihm waren: [9] Ich bin es. Siehe, ich richte meinen Bund auf mit euch und mit euren Nachkommen nach euch [10] und mit allen Lebewesen bei euch, mit den Vögeln, dem Vieh und allen Wildtieren der Erde bei euch, mit allen, die aus der Arche gekommen sind, mit allen Wildtieren der Erde überhaupt. [11] Ich richte meinen Bund mit euch auf: Nie wieder sollen alle Wesen aus Fleisch vom Wasser der Flut ausgerottet werden; nie wieder soll eine Flut kommen und die Erde verderben. (Gen 9,8–11)

Abraham

[3b] Und Gott redete mit ihm und sprach: [4] Ich bin es. Siehe, das ist mein Bund mit dir: Du wirst Stammvater einer Menge von Völkern. [5] Man wird dich nicht mehr Abram nennen. Abraham, Vater der Menge, wird dein Name sein; denn zum Stammvater einer Menge von Völkern habe ich dich bestimmt. [6] Ich mache dich über alle Maßen fruchtbar und lasse dich zu Völkern werden; Könige werden von dir abstammen. [7] Ich richte meinen Bund auf zwischen mir und dir und mit deinen Nachkommen nach dir, Generation um Generation, einen ewigen Bund: Für dich und deine Nachkommen nach dir werde ich Gott sein. (Gen 17,3b–7)

---

1 Finde heraus, woher die fünf Bibelstellen kommen: Welche sind aus dem ↗Alten Testament, welche ist aus dem ↗Neuen Testament? Welcher Text gehört zu welcher biblischen Schriftengruppe? Zur Unterstützung kannst du auf den Seiten 14/15 nachlesen.

2 Alle fünf Bibelstellen thematisieren eine Bundeszusage. Teilt euch in fünf Gruppen auf und lost aus, welche Gruppe welchen der Texte unter die Lupe nimmt.

  a Lest euren Text in der Gruppe vor. Sammelt dann eure ersten Eindrücke.

  b Erkundet, wer in eurem Text als Sprecher den Bund stiftet und für welche Gemeinschaft dieser Bund gilt. Notiert, was ihr herausgefunden habt.

  c Einigt euch auf zwei der folgenden Wörter, um den dargestellten Bund zu beschreiben: Befehl, Vertrag, Versprechen, Drohung, Vergebung, Geschenk.

  d Lest euren Bibeltext in der Lerngruppe vor und präsentiert eure Ergebnisse aus b und c.

Mose

³ Mose stieg zu Gott hinauf. Da rief ihm der HERR vom Berg her zu: Das sollst du dem Haus Jakob sagen und den Israeliten verkünden: ⁴ Ihr habt gesehen, was ich den Ägyptern angetan habe, wie ich euch auf Adlerflügeln getragen und zu mir gebracht habe. ⁵ Jetzt aber, wenn ihr auf meine Stimme hört und meinen Bund haltet, werdet ihr unter allen Völkern mein besonderes Eigentum sein. Mir gehört die ganze Erde, ⁶ ihr aber sollt mir als ein Königreich von Priestern und als ein heiliges Volk gehören. Das sind die Worte, die du den Israeliten mitteilen sollst. (Ex 19,3–6)

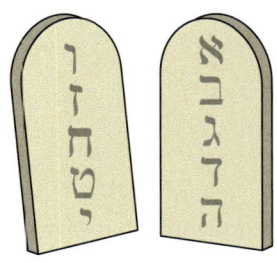

Jeremia

³¹ Siehe, Tage kommen – Spruch des HERRN –, da schließe ich mit dem Haus Israel und dem Haus Juda einen neuen Bund. ³² Er ist nicht wie der Bund, den ich mit ihren Vätern geschlossen habe an dem Tag, als ich sie bei der Hand nahm, um sie aus dem Land Ägypten herauszuführen. Diesen meinen Bund haben sie gebrochen, obwohl ich ihr Gebieter war – Spruch des HERRN. ³³ Sondern so wird der Bund sein, den ich nach diesen Tagen mit dem Haus Israel schließe – Spruch des HERRN: Ich habe meine Weisung in ihre Mitte gegeben und werde sie auf ihr Herz schreiben. Ich werde ihnen Gott sein und sie werden mir Volk sein. ³⁴ Keiner wird mehr den andern belehren, man wird nicht zueinander sagen: Erkennt den HERRN!, denn sie alle, vom Kleinsten bis zum Größten, werden mich erkennen – Spruch des HERRN. Denn ich vergebe ihre Schuld, an ihre Sünde denke ich nicht mehr. (Jer 31,31–34)

Jesus

¹⁹ Und er nahm Brot, sprach das Dankgebet, brach es und reichte es ihnen mit den Worten: Das ist mein Leib, der für euch hingegeben wird. Tut dies zu meinem Gedächtnis! ²⁰ Ebenso nahm er nach dem Mahl den Kelch und sagte: Dieser Kelch ist der Neue Bund in meinem Blut, das für euch vergossen wird. (Lk 22,19 f.)

3 Unter drei Bibeltexten seht ihr ein Symbol.
  a Beschreibt jedes Symbol und klärt gemeinsam, warum es zum Text passt.
  b Erfinde für den Abraham- oder für den Jeremiatext ein passendes Symbol. Zeichne es in dein Heft und schreibe darunter die Stellenangabe: Gen 17,3b–7 oder Jer 31,31–34.
  c Zeigt und erläutert einige eurer Symbole in der Lerngruppe.

4 Immer wieder erzählt die Bibel vom Bund Gottes mit den Menschen. Diskutiert, was an diesem Bund ähnlich und was ganz anders ist als bei einem gewöhnlichen Vertrag unter Menschen.

Erfahrungen vor Gott bringen

Der Gott des ↗Bundes geht auf die Menschen zu, aber auch Menschen suchen immer wieder den Weg zu Gott – auf ganz unterschiedliche Weise. Das sieht man zum Beispiel an alttestamentlichen ↗Psalmen. In ihnen bringen Menschen ihre alltäglichen Erfahrungen und Gefühle vor Gott, wie etwa Wut, Trauer, Verzweiflung, Freude oder Dankbarkeit.

² HERR, wie viele sind meine Bedränger; *
viele stehen gegen mich auf.
³ Viele gibt es, die von mir sagen: *
Er findet keine Hilfe bei Gott.
⁴ Du aber, HERR, bist ein Schild für mich, *
du bist meine Ehre und erhebst mein Haupt.
⁵ Ich habe laut zum HERRN gerufen; *
da gab er mir Antwort von seinem heiligen Berg.
⁶ Ich legte mich nieder und schlief, *
ich erwachte, denn der HERR stützt mich.
⁷ Viele Tausende von Kriegern fürchte ich nicht, *
die mich ringsum belagern.
⁸ HERR, steh auf, mein Gott, bring mir Hilfe!
Denn all meinen Feinden hast du den Kiefer zerschmettert, *
hast den Frevlern die Zähne gebrochen.
⁹ Beim HERRN ist die Hilfe. *
Auf deinem Volk ist dein Segen.
(Ps 3,2–9)

1 Tragt Psalm 3,2–9 reihum laut vor, bis jeder einen Halbvers gelesen hat. Orientiert euch dabei an den Sternchen, die jeden Vers teilen.

2 Formuliere deinen ersten Eindruck zum Psalm. Wähle dazu zwei Satzanfänge aus:
- Interessant finde ich ...
- Ungewohnt ist für mich ...
- Langweilig finde ich ...
- Ich frage mich ...

3 Betrachte die Sprache dieses Psalms genauer.
  a Schreibe in dein Heft:
  - das Wort, das am häufigsten verwendet wird;
  - ein Wort, das heute ungebräuchlich ist;
  - den Vers, der deiner Meinung nach der wichtigste in diesem Psalm ist.
  b Vergleicht eure Ergebnisse in der Lerngruppe.

4 Die Verse auf dieser Seite sind aus dem Buch der Psalmen.
  a Probiert zu zweit für jedes Verspaar verschiedene Möglichkeiten des Lesens und Sprechens aus. Entscheidet gemeinsam, welche Sprechart am besten passt. Notiert in wenigen Worten, wie ihr jedes Verspaar sprechen wollt.
  b Lest danach einige Beispiele in der Lerngruppe laut vor.

¹ Lobt den HERRN, alle Völker, *
rühmt ihn, alle Nationen!
² Denn mächtig waltet über uns seine Huld, *
die Treue des HERRN währt in Ewigkeit.
Halleluja!
(Ps 117)

² Wie lange noch, HERR,
vergisst du mich ganz? *
Wie lange noch verbirgst du
dein Angesicht vor mir?
³ Wie lange noch muss ich Sorgen tragen
in meiner Seele,
Kummer in meinem Herzen Tag für Tag? *
Wie lange noch darf mein Feind
sich über mich erheben?
(Ps 13,2 f.)

⁸ Behüte mich wie den Augapfel,
den Stern des Auges, *
birg mich im Schatten deiner Flügel
⁹ vor den Frevlern, die mich hart bedrängten, *
vor meinen Feinden, die mich wütend umringen!
(Ps 17,8 f.)

¹² Du hast mein Klagen
in Tanzen verwandelt
mein Trauergewand hast du gelöst *
und mich umgürtet mit Freude,
¹³ damit man dir Herrlichkeit singt
und nicht verstummt. *
HERR, mein Gott, ich will dir danken in Ewigkeit.
(Ps 30,12 f.)

5 Die Strichmännchen zeigen verschiedene Haltungen, die ein Mensch beim Psalmgebet einnehmen könnte.
  a Übertragt die obigen Zeichnungen auf die Schultafel.
  b Stellt euch im Halbkreis vor die Tafel. Probiert gemeinsam jede der Haltungen aus. Verharrt darin still für einige Sekunden. Geht schließlich zurück zu euren Plätzen.
  c Ordne jedem der vier Verspaare eine Zeichnung zu, die deiner Ansicht nach am besten passt. Schreibe die vier Stellenangaben in dein Heft und zeichne jeweils die passende Figur dazu.
  d Tauscht euch über eure Zuordnungen aus.

Psalmen gestalten

mein Hirt
auf grünen Auen
er führt mich Lebenskraft
heimkehren mein Leben lang
nichts wird mir fehlen
im finsteren Tal
ich fürchte kein Unheil
du bist bei mir trösten
du deckst mir den Tisch
Güte und Huld
für lange Zeiten

1 Betrachtet die Wortwolke zu Psalm 23 genau und sammelt eure Beobachtungen. Achtet dabei auf Form, Wörter, Farben, Anordnung und Schriftgröße.

a Formuliere mithilfe der Wortwolke eine Überschrift, die zu Psalm 23 passen könnte.

b Teilt euch in zwei Gruppen auf. Tragt Psalm 23 (Seite 25) laut vor. Von Halbvers zu Halbvers wechseln sich beide Gruppen ab.

c Vergleiche deine Überschrift mit dem gelesenen Psalmtext. Würdest du nach dem Lesen dieselbe Überschrift wählen? Begründe deine Entscheidung.

2 Lies den Psalm noch einmal in Ruhe durch. Wähle zwölf Wörter aus, die für dich das Wichtigste des Psalms aussagen.

3 Gestalte deine eigene Wortwolke aus den zwölf von dir ausgewählten Wörtern.

a Überlege dir zunächst Form, Farben, Anordnung der Wörter und Schriftgröße.

b Schreibe dann deine Wortwolke auf ein großes Blatt Papier.

c Stellt eure Wortwolken im Klassenzimmer aus.

d Macht einen Rundgang durch die Ausstellung. Betrachtet die unterschiedlichen Wortwolken und sprecht mit den Gestalterinnen und Gestaltern über eure Eindrücke.

Psalm 23

In diesem Auszug aus einem Gebetbuch ist nicht nur der Psalmtext abgedruckt, sondern auch eine Liedzeile, die sich Kehrvers nennt. Wenn Christinnen und Christen gemeinsam einen ↗Psalm beten, singen sie oft eine solche Liedzeile zu Beginn und am Ende. So ruft der Kehrvers eine wichtige Aussage des Psalms nachdrücklich ins Gedächtnis.

1 Der HERR ist mein Hirt, *
nichts wird mir fehlen.
    2 Er lässt mich lagern auf grünen Auen *
    und führt mich zum Ruheplatz am Wasser.
3 Meine Lebenskraft bringt er zurück. /
Er führt mich auf Pfaden der Gerechtigkeit, *
getreu seinem Namen.
    4 Auch wenn ich gehe im finsteren Tal, *
    ich fürchte kein Unheil;
denn du bist bei mir, *
dein Stock und dein Stab, sie trösten mich.
    5 Du deckst mir den Tisch *
    vor den Augen meiner Feinde.
Du hast mein Haupt mit Öl gesalbt, *
übervoll ist mein Becher.
    6 Ja, Güte und Huld werden mir folgen
    mein Leben lang /
    und heimkehren werde ich ins Haus des HERRN *
    für lange Zeiten.

---

4 Bildet kleine Gruppen, um einen Psalm kreativ umzusetzen.

a Entscheidet gemeinsam, ob ihr euch mit Psalm 3 (Seite 22) oder mit Psalm 23 beschäftigen wollt.

b Bestimmt für euren Psalm einen aussagekräftigen Kehrvers.

c Entwickelt für euren Kehrvers eine eigene musikalische Gestaltung – mit passendem Rhythmus und wenigen unterschiedlichen Tönen. Probiert das Ergebnis miteinander aus.

Heute an die Bibel erinnern

In einem Bibelgarten

In den Hinwegen hast du dich mit biblischen Spuren im Alltag sowie mit der Entstehung und dem Aufbau der Bibel befasst. In den Durchgängen hast du am Beispiel ausgewählter Bibelstellen erarbeitet, wie die Bibel von Erfahrungen mit Gott sowie seiner Offenbarung erzählt und wie Menschen in Psalmen ihre Erfahrungen vor Gott getragen haben.

Hast du schon einmal von Bibelgärten gehört? In Deutschland gibt es über 100 davon. Diese Gärten lassen die Welt der Bibel heute erfahrbar werden. Die Zeichnung zeigt, wie ein solcher Garten angelegt sein kann:

1 Beschreibe kurz den Aufbau des Gartens.

2 In der Mitte des Gartens fehlen zwei Bezeichnungen. Schreibe in dein Heft, welche Worte links und rechts zu ergänzen sind.

3 Formuliere eine Begründung, warum die fünf Bücher Mose und die Evangelien durch mächtige Bäume dargestellt werden.

4 Wie ist ein Bibelgarten zu bepflanzen? Die Angaben auf der Zeichnung geben dir Auskunft über sieben Pflanzen, die in der Bibel eine besondere Rolle spielen. Schlage die Stellen in der Bibel nach und notiere die dort genannten Namen.

Mit einem Popsong

In den Psalmen tragen Menschen ihre Hoffnung und Freude, ihre Nöte und Zweifel vor Gott. Die Sängerin Anastacia zeigt im Refrain ihres Liedes „Lifeline" (auf Deutsch: Rettungsring oder Lebenslinie), wie man persönliche Erfahrungen auch heutzutage in Liedern ausdrücken kann.

Gib mir etwas Hoffnung.

Zeig mir ein bisschen Licht.

Weil ich heute Abend gar keine Kraft mehr in mir habe.

Wenn ich nicht gehe,

wenn ich „Nein" sage,

ist das dann das Ende?

Sag mir doch jemand,

habe ich mein Leben einfach verschwendet?

Gib mir etwas Hoffnung.

Gott, es ist so kalt!

Wirf mir einen Rettungsring zu!

Es ist so kalt.

Es ist so kalt.

Wirf mir einen Rettungsring zu!

5 Wer Psalmen betet, der klagt, bittet, dankt oder lobt.
  a Lies Anastacias Text und schreibe die drei Sätze, die mehrmals vorkommen, in dein Heft.
  b Formuliert Anastacia hier ein Klage-, Bitt-, Dank- oder Loblied? Entscheide dich für zwei Bezeichnungen, die am ehesten zutreffen, und begründe deine Entscheidung. Beachte besonders die zuvor notierten Sätze.

6 Wer Psalmen betet, der wendet sich an Gott. An wen wendet sich die Sängerin dieses Liedes? Nenne zwei Möglichkeiten und erläutere sie.

Die Bibel heute – die Goldene Regel

3 David Alaba

„Meine Kraft liegt in Jesus" steht auf dem T-Shirt, das der Fußballer David Alaba nach dem gewonnenen Champions-League-Finale einem Millionenpublikum präsentiert. Dieser Satz kann ausdrücken, dass David Alaba an Jesus glaubt, ihm vertraut, auf ihn hofft und dass Jesus ihm die Kraft für sein Leben als Fußballprofi gibt. Dieser Satz kann auch bedeuten, dass Jesus ein Vorbild ist, an dessen Worten und Taten er sich orientieren kann. Eines ist sicher: David Alaba war die Aussage so wichtig, dass er sie anderen Menschen mitteilen wollte.

Als Fußballer muss man sich an Fair-Play-Regeln halten. In einer Mannschaft sind – wie in einer Schulklasse – viele Verhaltensregeln notwendig. Lässt sich hier ein Anknüpfungspunkt zur Bibel finden?

Der Evangelist Matthäus überliefert uns folgende Worte Jesu, die man als Superregel oder ↗Goldene Regel bezeichnet:

> **Alles, was ihr wollt, dass euch die Menschen tun, das tut auch ihnen! (Mt 7,12)**

1 Betrachtet das Foto und besprecht folgende Fragen:
- Was könnte David Alaba dazu bewegt haben, ein T-Shirt mit der Aufschrift „Meine Kraft liegt in Jesus" zu tragen und es allen zu zeigen?
- Würdest du ein solches T-Shirt anziehen? Begründe deine Meinung.

2 Schreibe die Überschrift „Die Bibel heute – die Goldene Regel" in dein Heft und ergänze darunter den Bibelvers Mt 7,12 in Farbe.
- **a** Lies den Vers mehrmals und ergänze dann den Satz: Mt 7,12 heißt Goldene Regel, weil …
- **b** Besprecht eure Ideen, warum Mt 7,12 als Goldene Regel gelten kann.

3 Eine andere Fassung der Goldenen Regel lautet: Was du nicht willst, dass man dir tu, das füg auch keinem andern zu.
- **a** Schreibe diesen Satz in dein Heft und vergleiche ihn mit Mt 7,12: Was unterscheidet die beiden Fassungen? Was haben sie gemeinsam?
- **b** Stellt eure Ergebnisse in der Lerngruppe vor und sammelt Beispiele für Handlungen im Sinne beider Fassungen.

Die Goldene Regel im Praxistest

FALL 1

Seit längerem macht sich Chris Sorgen um seinen Kumpel Andi. Andi hat ihm erzählt, dass er gelegentlich in Geschäften klaut: Süßigkeiten, Stifte, einmal sogar ein Videospiel. Chris und Andi kennen sich schon lange. Chris weiß, dass Andi eigentlich kein schlechter Mensch ist. Er hat aber wirklich Angst, dass Andi auf die schiefe Bahn gerät. Das hat Chris ihm auch mehrmals gesagt, aber Andi hört einfach nicht auf ihn. Als sie zusammen bei Andi sind, kommt dessen Mutter mit dem Videospiel in der Hand ins Zimmer. Sie setzt sich ruhig zu den beiden Jungs und fragt, woher Andi das Geld für dieses teure Videospiel hatte. Andi schaut Chris flehend an. – Was soll Chris tun?

FALL 2

Niemand in der Klasse mag Tim. Im Klassenzimmer sitzt er allein, im Pausenhof stellt er sich irgendwo dazu. Im Sportunterricht ist er entweder krank oder versucht, nicht aufzufallen, weil er sowieso nur ausgelacht werden würde. Eines Tages in der Umkleide nehmen ihm einige Schüler die Sporttasche weg. „Du Loser brauchst doch sowieso kein Sportzeug!" Tim versucht, es wiederzubekommen, aber fast die ganze Klasse fängt an, sich den Beutel lachend zuzuwerfen. Nur Lukas hat irgendwie Mitleid. Er sieht, dass Tim den Tränen nahe ist. – Was soll Lukas tun?

FALL 3

Lisa steht in drei Fächern zwischen 4 und 5. Es vergeht kaum eine Stunde ohne Hinweis des Lehrers, dass sie jetzt endlich etwas tun müsse, um die 5. Klasse zu schaffen. In der Nachmittagsbetreuung tippt Lisa ihre Freundin Liliane an und flüstert, sie solle ihr die gelöste Matheaufgabe geben, sonst stehe sie morgen wieder ohne da. Liliane zögert. – Was soll sie tun?

4 Bildet sechs Gruppen, von denen jeweils zwei denselben Fall untersuchen.
  a Lest innerhalb eurer Gruppe den Text genau durch. Schildert mit eigenen Worten, was hier geschieht.
  b Sammelt verschiedene Handlungsmöglichkeiten und besprecht die lang- und kurzfristigen Folgen der einzelnen Vorschläge.

  c Wie sollte man gemäß Mt 7,12 in diesem Fall handeln? Trefft eine gemeinsame Entscheidung und begründet sie.

5 Stellt euren Fall mit Handlungsempfehlung in der Lerngruppe vor. Vergleicht die Entscheidungen der beiden Gruppen und diskutiert sie, wenn ihr euch nicht einig seid.

Die Bibel heute – Umgang mit der Schöpfung

4 *Fürst Albert von Monaco auf einem Plakat von Plant-for-the-Planet*

Im Jahr 2007 gründet der neunjährige Felix Finkbeiner aus Oberbayern die Kinder- und Jugendinitiative „Plant-for-the-Planet" („Pflanzt für den Planeten"), um etwas gegen die Klimakrise zu tun. Er will möglichst viele Kinder dazu bewegen, aktiv zu werden. Während, wie er selbst sagt, Erwachsene immer nur reden, will er endlich etwas tun. Weltweit berichten die Nachrichten von seiner Idee. Die Botschaft des Neunjährigen, der die Zukunft der Kinder retten will, verbreitet sich schnell. Felix findet in der ganzen Welt zahlreiche Unterstützer. Im Jahr 2009 startet er die Kampagne mit dem Namen „Stop talking – start planting" („Hört auf zu reden – beginnt zu pflanzen"), für die sich viele Prominente zur Verfügung stellen. Im Jahr 2011 ist Felix so erfolgreich, dass er nach New York eingeladen wird, um vor den Vereinten Nationen eine Rede zu halten. Seine Botschaft ist klar und deutlich: Hört auf zu reden, handelt endlich! Bis heute ist der Erfolg ungebrochen. Im Jahr 2016 beträgt die Anzahl der im Rahmen der Initiative weltweit neu gepflanzten Bäume schon über 14 Milliarden.

1 Erkundet zunächst Bild und Text des Werbeplakats und formuliert Ideen, worum es dabei gehen könnte.

2 Lest nun den Informationstext, um herauszufinden, wofür das Plakat wirbt.

   a Im Text werden vier Jahreszahlen genannt. Notiere sie untereinander in dein Heft und schreibe zu jeder Jahreszahl einen kurzen Satz, der die „Karriere" des Jungen beschreibt.

   b Tauscht euch über folgende Fragen aus:
- Was haltet ihr von der Aktion des Jungen?
- Wenn ihr eine ähnliche Aktion wie Felix ins Leben rufen würdet, welche wäre das? Beschreibt die Ziele eurer Aktion.

3 Felix ist sich sicher, dass sich gerade Christinnen und Christen auf jeden Fall für die Umwelt einsetzen sollen.

   a Überlege kurz für dich, ob du Felix zustimmst oder nicht.

Im Jahr 2013 hält Felix eine Rede in der Münchener Erlöserkirche. Dabei zeigt er viele Möglichkeiten auf, die Umwelt zu schützen und dadurch mitzuhelfen, dass auch Menschen, die in der Zukunft geboren werden, auf dieser Erde noch glücklich leben können. Felix wendet sich besonders an die Christinnen und Christen. Er sagt: „Die Kirchen und die religiösen Menschen müssten eigentlich unsere besten Verbündeten sein im Kampf für unsere Zukunft."

5 *Felix Finkbeiner bei seiner Rede in München*

Gott machte die Wildtiere der Erde
nach ihrer Art,
das Vieh nach seiner Art und
alle Kriechtiere auf dem Erdboden
nach ihrer Art.
Gott sah, dass es gut war.
(Gen 1,25)

Wie zahlreich sind deine Werke, HERR,
sie alle hast du mit Weisheit gemacht, *
die Erde ist voll von deinen Geschöpfen.
(Ps 104,24)

Gott, der HERR, nahm den Menschen
und gab ihm seinen Wohnsitz
im Garten von Eden,
damit er ihn bearbeite und hüte.
(Gen 2,15)

Der Gerechte weiß, was sein Vieh braucht,
doch das Herz der Frevler ist hart.
(Spr 12,10)

Alles, was ihr wollt, dass euch die Menschen tun,
das tut auch ihnen!
(Mt 7,12)

b Besprecht dann miteinander, was ihr in der Lerngruppe darüber denkt.

4 Stell dir vor, du sollst in einer Kirche über Umweltschutz sprechen. Arbeitet zu zweit und bereitet eine solche Rede vor.
a Lest zunächst die fünf Bibelverse und einigt euch auf einen, mit dem eure Rede beginnen soll.
b Schreibt danach eure kurze Rede ins Heft. Sie sollte nicht länger als sieben Sätze sein. Beginnt so: Sehr geehrte Damen und Herren. In der Bibel lesen wir …
c Stellt euch eure Reden gegenseitig vor und teilt nach jedem Vortrag kurz mit, was euch besonders gefallen oder gestört hat.

5 Während manche Menschen fordern, die Umwelt zu schützen, verlangen andere, die Schöpfung zu bewahren.
a Welchen Unterschied macht es, wenn man von „Schöpfung" anstelle von „Umwelt" spricht? Sammelt Ideen.
b Diskutiert, welchen der beiden Begriffe Christinnen und Christen bevorzugen. Begründet eure Einschätzungen.
c Untersuche, in welchem der obigen Bibelverse der Gedanke einer Schöpfung deutlich wird. Notiere die entsprechenden Stellenangaben ins Heft.
d Besprecht eure Ergebnisse in der Lerngruppe.

Psalm 150 – ganz neu gesprochen

Lobet den Herrn des Kosmos,
    das Weltall ist sein Heiligtum
    mit einem Radius von hunderttausend
    Millionen Lichtjahren.
5 Lobt ihn
    den Herrn der Sterne
    und der interstellaren Räume,
  Lobt ihn
    den Herrn der Milchstraßen
10   und der Räume zwischen den Milchstraßen,
  Lobt ihn
    den Herrn der Atome
    und der Vakuen zwischen den Atomen,
  Lobt ihn
15   mit Geigen, mit Flöten
    und Saxophon,

Lobt ihn
    mit Klarinetten und Englisch Horn,
    mit Waldhörnern und Posaunen,
20   mit Flügelhörnern und Trompeten,
  Lobt ihn
    mit Bratschen und Violoncelli,
    mit Klavieren und Pianolen,
  Lobt ihn
25   mit Blues und Jazz
    und Sinfonieorchestern […]
    mit Gitarren und Xylophonen,
  Lobt ihn
    mit Plattenspielern und Tonbändern
30 Alles was atmet,
    lobe den Herrn,
    jede lebendige Zelle,
  Halleluja!

Ernesto Cardenal

1 Ernesto Cardenal, ein sozial engagierter Priester und Dichter aus Mittelamerika, übersetzte das Lob an den Schöpfer aus Ps 150 in heutige Sprache.

a Bildet kleine Gruppen, um eine eigene Darbietung des Lobes zu planen. Schreibt Cardenals Text auf ein Plakat. Entscheidet, wer welche Teile sprechen soll und – ganz wichtig – wie ihr die Teile rhythmisch und musikalisch untermalen wollt (z. B. Fingerschnippen, Rascheln, Trommeln, Stampfen, Klatschen, Singen, Summen). Dabei können die Lautstärke und die Geschwindigkeit eurer Begleitung ebenso wechseln wie die Art der Untermalung. Ergänzt die Angaben, die ihr für die Aufführung braucht, auf dem Plakat und probt sie kurz.

b Präsentiert eure Inszenierungen in der Lerngruppe.

c Würde ich die Darbietung des Schöpferlobes auch außerhalb des Klassenzimmers wiederholen? Falls ja, wo? Diskutiert eure Meinungen.

dirigieren, und zur Sippe seines Grundworts l. regere s. regieren. – DF 1 (1913), 9; Brunt (1983), 121.

Advent m. ˈVorweihnachtszeitˈ (< 13. Jh.). Mhd. advente, mndd. advente. Entlehnt aus l. adventus ˈAnkunft [Christi]ˈ, dem Verbalabstraktum zu l. advenīre ˈankommenˈ, zu l. venīre (ventum) ˈkommenˈ und l. ad- ˈhinzuˈ. Das lateinische Wort hat seit dem 5./6. Jh. in der christlichen Kirche die technische Bedeutung ˈVorbereitungszeit für die [Feier der] Ankunft Christiˈ. Zur Sippe des zugrundeliegenden l. venīre s. intervenieren. – BIW 2 (1984), 22–25.

Adverb n. erw. fach. ˈnähere Bestimmung des Verbs, Umstandswortˈ (< *16. Jh. Form < 18.

33

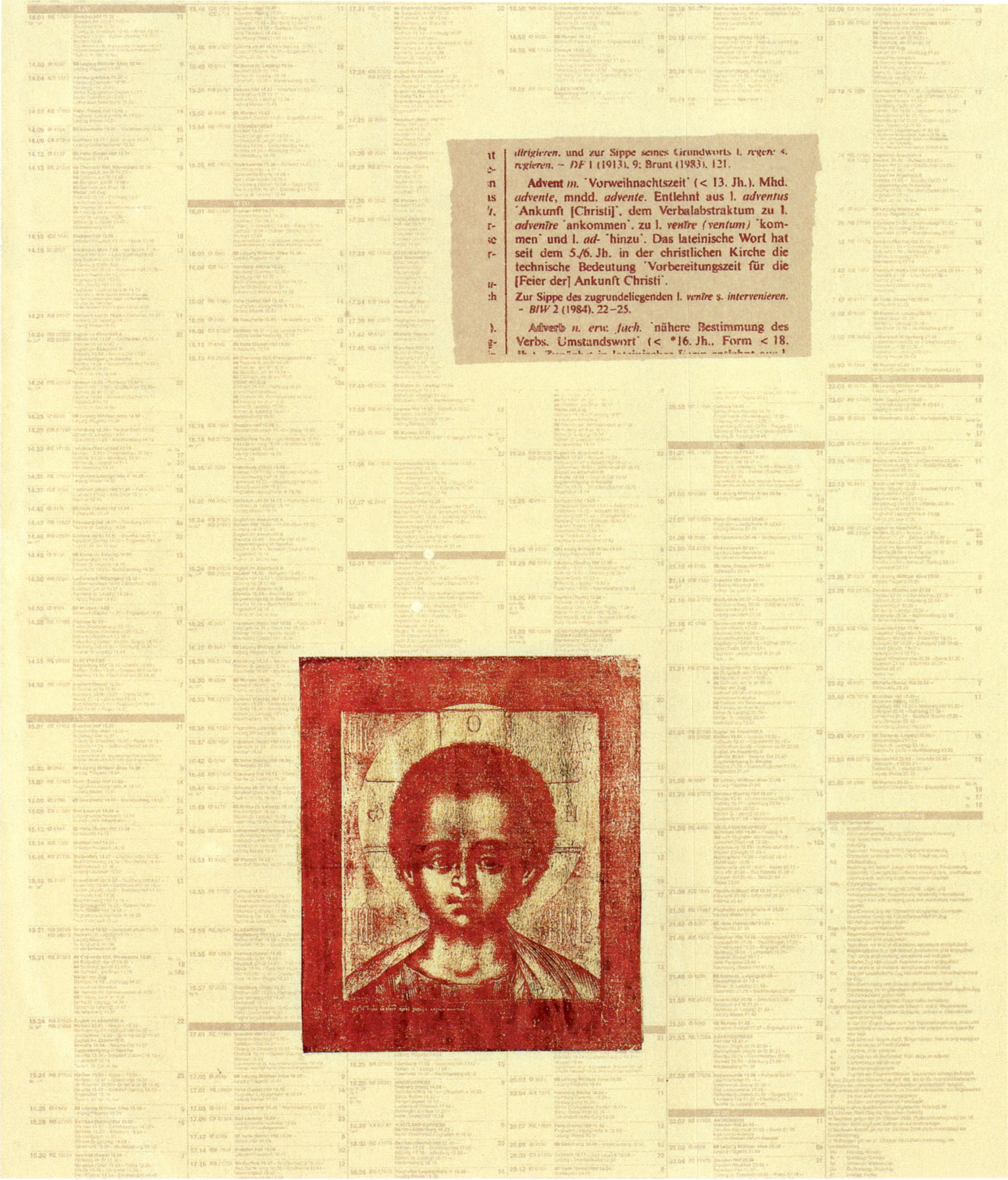

Werde zum Weihnachtsforscher!

„Alle Jahre wieder, kommt das Christuskind …"
Jedes Jahr singen die Christinnen und Christen
zur Weihnachtszeit dieses Lied und feiern damit
die Ankunft eines besonderen Menschen: Jesus
Christus. Mit diesem Menschen hat es etwas auf
sich: In Jesus ist Gott Mensch geworden. Diesen
Satz hört man im Gottesdienst immer wieder. Er
ist nicht so leicht zu verstehen; dennoch steht er
im Zentrum von Weihnachten. Werde zum Weihnachtsforscher und finde heraus, was dieser Satz
für dich bedeutet.

Jetzt stellst du dir vielleicht die Frage, wie man
Weihnachtsforscher werden kann. Dieses Kapitel
enthält viele Fragen und Informationen, die zum
Forschen über Jesus und Weihnachten einladen.
Sie lassen ganz neue oder vergessene Bedeutungen des Weihnachtsfestes entdecken.

Vieles davon hat mit dem Begriff „Erwartung" zu
tun. Wen oder was erwarteten die Menschen, die
zur Zeit Jesu lebten? Warum hatten sie diese Erwartungen? Was wurde aus ihren Erwartungen?
Wurden sie erfüllt? Und wenn ja: Wie wurden sie
erfüllt? In den Hinwegen bieten sich dir verschiedene Möglichkeiten, diesen Fragen nachzugehen.
Was hat Jesus mit diesen Erwartungen zu tun?
Wie entstand das Weihnachtsfest mit all seinen
Bräuchen? Viele Hinweise hierzu findest du in
den Durchgängen. Die Ausblicke führen dich
über die Erwartungen der Vergangenheit hinaus:
Was erwarten Menschen heute von Weihnachten? Manch einer antwortet: viele Geschenke.
Und was sagst du am Ende deiner Untersuchungen?

Du siehst: Fragen über Fragen, auf die der Weihnachtsforscher Antworten suchen soll. Die Kapitelüberschrift zeigt bereits, dass Jesus bei allen
Überlegungen und Ergebnissen eine wichtige
Rolle spielen wird.

1 Schaut euch die Zeichnungen genau an. Sie zeigen
Ereignisse aus dem Leben Jesu, von denen ihr bereits in der Grundschule gehört habt. Erzählt einander Bild für Bild die dazugehörigen Geschichten.

2 Gestaltet im Klassenzimmer euren eigenen Bilderweg zu Jesus.
  a Welche weiteren Geschichten von und über
    Jesus kennst du? Notiere für jede Erzählung,
    die dir einfällt, einen kurzen Titel.
  b Wähle eine Jesus-Erzählung aus und gestalte
    ein Bild dazu.
  c Präsentiere dein Bild in der Lerngruppe und
    erkläre, warum du dich für diese Erzählung
    entschieden hast. Füge dein Bild anschließend
    an passender Stelle in den Bilderweg ein.

Bastle dein Forschertagebuch

Du brauchst 20 Blätter Papier, zwei dicke Kartons als Umschlag (alles im Format DIN A5 und an der schmalen Seite gelocht) und zwei Pfeifenputzer.

- Lege einen Karton auf und unter die Blätter. Die gelochten Seiten müssen dabei übereinander liegen. Schiebe durch jedes Loch einen Pfeifenputzer und drehe die Enden zusammen.
- Gestalte das Titelblatt so, dass man das Buch als dein Weihnachtsforschertagebuch erkennt.

Erster Eintrag ins Forschertagebuch

Du hast gelesen, dass Jesus für deine Forschung sehr wichtig ist. Stell dir vor, du hättest die Möglichkeit, Jesus zu interviewen: Was würdest du ihn fragen?

- Formuliere drei Fragen, die du Jesus gern stellen würdest.
- Besprecht eure Vorschläge in kleinen Gruppen und einigt euch auf drei Fragen, die ihr allen vorstellt. Schreibt sie dann unter der Überschrift „Unsere Fragen an Jesus" in euer Tagebuch.

Das Land, in dem Jesus lebte

1 *Galiläa, Samarien und Judäa zur Zeit Jesu*

Ich heiße Danael und verkaufe, was sich hier vor Kafarnaum anbauen lässt. Durch den See ist die Bewässerung der Gärten einfach. Die Ernten sind gut, mein Geschäft ist gesichert. Auslandsbeziehungen sind mir sehr wichtig. Ich bin froh, dass wir hier in einem selbstständigen Gebiet leben, aber trotzdem zur Weltmacht Rom gehören. Das kann mir nur nützen. Was wären wir Händler ohne die gut ausgebauten Straßen? Ich habe gehört, dass viele den römischen Kaiser als Retter der Welt feiern. Sie hoffen, der Kaiser bringt Wohlstand und Frieden für den ganzen Erdkreis. Manche im Reich verehren ihn sogar wie eine Gottheit. Das kann ich gar nicht verstehen: Er ist doch bloß ein Mensch! Hier bei uns ist angeblich Richtung Samarien ein Wanderprediger namens Jesus von Nazaret unterwegs. Man erzählt, er habe einen kranken Bettler geheilt und setze sich für Gerechtigkeit ein. Vielleicht begegne ich ihm. Ob er wirklich was verbessern kann? Arme wird es doch immer geben.

1 Jesus wuchs in Galiläa auf, in einem Gebiet des heutigen Israel. Israel liegt am südöstlichen Rand des Mittelmeeres. Wir nennen diesen Teil der Welt den Nahen Osten. Beschreibe die Lage Israels von deinem Heimatort aus und schätze die Entfernung in Kilometern.

2 Suche auf der Karte die Orte, die dir aus dem Leben Jesu bereits bekannt sind. Beschreibe kurz das Ereignis, das mit dem jeweiligen Ort verbunden ist.

3 Mit Danael, Menach, Ilan und Aziel stellen sich vier Personen vor, die zur Zeit Jesu in Israel gelebt haben könnten. Lies, was sie von sich erzählen. Bestimme auf der Karte, wo sie wohnen.

Ich heiße Menach und lebe in Judäa. Dieser Landstreifen an der Mittelmeerküste ist ein begehrtes Handels- und Durchreiseland. Der Aufseher des römischen Kaisers in der Provinz hier, der Statthalter, ist ein guter Arbeitgeber für mich. Er braucht uns, denn wir Zöllner treiben die Steuern und Straßengebühren ein. Wir haben dem Statthalter für die ganze Provinz das Recht abgekauft, die Steuern zu erheben. Jetzt treiben wir das Geld von den Leuten ein – natürlich mit einem Aufschlag, denn auch ich muss ja von etwas leben. Beliebt sind wir hier natürlich nicht. Vor allem die Frommen sagen, ich würde die Menschen auspressen und hätte ständig mit unreinen Heiden zu tun. Aber Frieden wird es zwischen den vielen Gruppen in diesem Land sowieso nicht geben. Ich mache einfach das Beste daraus, auch wenn es nicht immer unseren Geboten entspricht.

Ich bin Ilan und wohne in Jericho. Ich kämpfe dafür, dass Gott die rechte Ordnung in Israel wiederherstellen kann – koste es, was es wolle! Es ist ein Skandal, dass der römische Kaiser nun schon so lange seine Befehlshaber hier aufgestellt hat. Als gläubige Juden dürfen wir nicht zulassen, dass jemand außer ↗JHWH über uns herrscht. Gott allein ist der Herr! Man sieht ja, was los ist: So viele Arme hat es in Israel noch nie gegeben. Und wer sich gut mit den Römern stellt, die uns nur ausbeuten, sahnt ab. Aber jeder, der das Volk Gottes ausnimmt, wendet sich gegen JHWH selbst und ist damit unser Feind. Da wir so denken, nennen uns einige ↗„Zeloten". Das bedeutet „die Eifrigen". Die Bezeichnung gefällt mir: Schließlich setzen wir uns mit Feuereifer für Gott ein. Viele erzählen von einem Jesus aus Nazaret. Er sei der Messias, der uns das Heil bringt. Dann muss der aber erst einmal mit den Römern hier aufräumen.

Ich bin Aziel. Ich kann nur noch hier in Jerusalem, in der Nähe des ↗Tempels, leben. Ich muss froh sein, wenn mir Leute Almosen geben. Eigentlich könnte ich stolz sein, dass ich als Arbeiter an den Mauern dieses prächtigen Gebäudes mitgebaut habe. Aber der Tempelbau ist längst beendet – und damit war für alle Arbeiter Schluss. Viele sind durch Unfälle an der Baustelle für den Rest ihres Lebens geschädigt. Mit den Römern im Land wird unsere Situation niemals besser. Für die sind Bettler lästig. Händler aus Galiläa haben mir von einem Mann aus Nazaret erzählt. Er behaupte, dass Gott die Armen liebt, und heile viele Menschen. Bestimmt kommt der auch einmal nach Jerusalem zum Tempel. Dann will ich ihn sehen. Wenn er wirklich der versprochene ↗Messias ist, dann könnte es endlich besser werden.

---

4 Teilt auf, wer sich genauer mit dem Händler, dem Zöllner, dem ↗Zeloten und dem Bettler beschäftigt.

  a Versetze dich in die Lage deiner Figur und notiere in Stichworten, womit sie ihren Alltag verbringt.

b Erläutert euch gegenseitig aus der Sicht eurer Figur, was ihr von den Römern haltet, was ihr von der Zukunft erwartet und wie ihr euch den ↗Messias vorstellt.

Zweiter Eintrag ins Forschertagebuch

Informiere dich im Lexikon (Seite 140) über die ↗Pharisäer und die ↗Sadduzäer.

- Schreibe für beide Gruppen jeweils drei Merkmale in dein Forschertagebuch.
- Was hätten wohl ein Pharisäer und ein Sadduzäer von einem Retter erwartet? Notiere jeweils eine Idee.

Das Judentum zur Zeit Jesu

Wie können wir mehr über die Religion zur Zeit der Geburt Jesu im Volk Israel erfahren und herausfinden, was die Leute damals bewegte und was sie erhofften? Dazu schicken wir unsere Weihnachtsforscher zu einem Experten. Tina und Andi treffen Professor Jürgen Zangenberg. Er unterrichtet an der Universität Leiden in den Niederlanden und hat im Land Jesu viel geforscht. Dort gräbt er mit Kollegen aus der Schweiz, Finnland und den USA ein galiläisches Dorf mit einer ↗Synagoge aus.

Tina: Wir haben schon gehört, dass Jesus als Jude oft in der Synagoge war. Wie kann man über damalige Synagogen etwas erfahren? Was machte man dort genau?

Prof. Zangenberg: Wir können heute noch in alten Schriften davon lesen. Auch sind mittlerweile viele Synagogen ausgegraben. Dadurch können wir viel darüber lernen, wie unterschiedlich Synagogen ausgesehen haben, wie sie ausgestattet und verziert waren. ↗Synagoge bedeutet „Zusammenkunft" oder „Ort der Zusammenkunft". Die Synagoge war eine Art Gemeindezentrum. Man kam dort zusammen, um allgemeine Angelegenheiten zu beraten, die das ganze Dorf angingen. Aber natürlich auch, um am Feiertag, zum Beispiel am ↗Sabbat, zu beten und zu singen, über den Glauben zu sprechen, aus der Bibel vorzulesen und sie auszulegen. Denn darin ist aufgezeichnet, was Gott von seinem Volk will, um ein gelingendes Leben zu haben. Jesus hat die ↗Tora oft dort ausgelegt, ebenso wie andere Lehrer, zum Beispiel die Schriftgelehrten und die ↗Pharisäer, die, solange sie auf den ↗Messias

2 *Studenten bei der Ausgrabung der Synagoge von Horvat Kur*

---

1 Lest das Forschergespräch zuerst still für euch, danach noch einmal laut mit verteilten Rollen.

a Sucht auf der Karte (Seite 36) den Ort, an dem sich die Synagoge befindet, an deren Ausgrabung Professor Zangenberg arbeitet.

b Überlege dir zu jeder der folgenden Fragen eine kurze Antwort und notiere sie auf einen Zettel. Manchmal sind mehrere Lösungen möglich.
- Was bedeutet das Wort „Synagoge"?
- Wie viele Synagogen gab es zur Zeit Jesu?
- Wo stand der jüdische Tempel?
- Was taten die Menschen in der Synagoge?
- Was bedeutet das Wort „Tora"?
- Was geschah im Tempel?
- Wie feierten Jüdinnen und Juden damals ihre besonderen Feste?
- Warum sind Bibel und Tora für Jüdinnen und Juden bis heute sehr wichtig?

c Vergleicht in der Lerngruppe eure Antworten auf die Fragen und schreibt jeweils eine richtige Lösung ins Heft.

2 An unterschiedlichen Plätzen sprach Jesus zu und mit den Menschen. Ein bestimmter Ort war ihm aber besonders wichtig.

a Lest in der Bibel Mk 1,39 und Lk 4,44. Findet heraus, an welchem Ort Jesus regelmäßig gelehrt hat.

b Sammelt und besprecht Ideen, wieso Jesus ausgerechnet diesen Ort gewählt haben könnte.

warteten, Gott besonders gehorsam sein und deshalb die Gebote so ernst wie möglich nehmen wollten. Jede Synagoge hatte einen Vorsteher, der die Gemeinde leitete und aus einer bedeutenden Familie stammte. Er sorgte mit anderen Würdenträgern für den Unterhalt der Synagoge. In jeder Synagoge gab es auch einen Schrank, den Toraschrein, in dem die Schriftrollen aufbewahrt wurden.

Andi: Aber wenn es doch am Sabbat die Synagoge für alle gab, warum ist dann der Tempel doch noch so wichtig?

Prof. Zangenberg: In allen Dörfern und Städten, wo Juden lebten, stand wohl auch eine Synagoge. Einen ↗Tempel aber gab es nur in Jerusalem. Er allein war das unbestrittene religiöse und geistige Zentrum aller Juden in der Welt, noch bevor es die Synagoge gab. Hier war Gott anwesend, nur hier opferten die Priester unter der Leitung des Hohenpriesters regelmäßig vor Gott und sprachen dem Volk Vergebung zu.

Tina: Ist es richtig, dass es damals viel mehr religiöse Feste gab als bei uns Christen heute?

Prof. Zangenberg: Zur Zeit Jesu feierten Juden genauso gern Feste wie wir heute. Viele Feste waren, wie bei uns, durch den Lauf des Lebens geprägt (z. B. Hochzeit, Begräbnis, Ernte). Man feierte sie in der Familie oder in der Dorfgemeinschaft, man aß und trank zusammen. Andere Feste folgten dem Jahreskalender, der, wie bei uns, in Wochen und Monate eingeteilt war. An bestimmten Tagen im Jahr erinnerten sich die Juden auch an besondere Ereignisse aus der Geschichte Gottes mit seinem Volk, wie etwa die Errettung aus Ägypten (Passah). Dazu pilgerten dann Tausende Menschen nach Jerusalem an den Tempel.

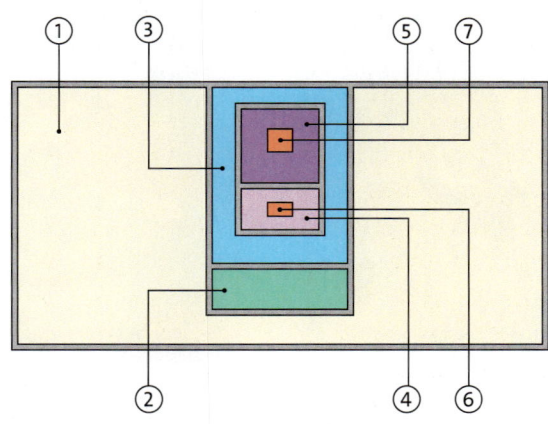

3 *Jerusalemer Tempel zur Zeit Jesu*

---

3 ↗Tora und Jerusalemer ↗Tempel waren für Juden zur Zeit Jesu von entscheidender Bedeutung. Eine Gruppe sah das aber etwas anders: die ↗Samariter. Arbeitet zu zweit, um mehr über sie herauszufinden.

a Betrachtet die Landkarte auf Seite 36 und beschreibt, wo Samarien liegt.

b Was verband und was trennte Juden und Samariter? Lest den Lexikonartikel zu den ↗Samaritern (Seite 140), einigt euch auf eine kurze Antwort und schreibt diese ins Heft.

Dritter Eintrag ins Forschertagebuch

Die Grafik zeigt, in welche Bereiche die ↗Tempelanlage aufgeteilt war.

a Zeichne den Plan in dein Forschertagebuch und formuliere eine eigene Überschrift.

b Schreibe an die Stelle der Zahlen die jeweils passenden Bezeichnungen:

1 Vorhof der Heiden	**3** Vorhof der Männer	**5** Heiligtum
2 Vorhof der Frauen	**4** Vorhof der Priester	**6** Brandopferaltar
		7 Allerheiligstes

Alltag in Jesu Heimat Galiläa

1 In Jesu Heimat war Brot ein Hauptnahrungsmittel.

a Erkundet zu zweit das Bild. Deckt mit zwei Blättern Papier alle Szenen ab. Deckt dann Szene für Szene auf und beschreibt, was ihr darauf seht.

b Welche Arbeitsschritte waren nötig, bis die Menschen ihr tägliches Brot essen konnten? Notiere die Buchstaben in der richtigen Reihenfolge ins Heft.

2 Vielfach ist in den ↗Evangelien vom Brot die Rede.

a Schlage folgende Verse im ↗Neuen Testament nach und schreibe sie in dein Heft: Mt 6,11 • Mk 6,41f. • Mt 26,26 • Lk 24,35 • Joh 6,35.

b Geht in einem gemeinsamen Gespräch der Frage nach, inwiefern Brot für Jesus wichtig ist.

Noomis Sorgen

Immer noch eine solche Hitze, und das, obwohl der Abend schon hereinbricht. Noomi ist gerade auf dem Nachhauseweg vom Brunnen in der Dorfmitte. Eigentlich sollte sich ihre Tochter Leora darum kümmern, dass die Wasserkrüge gefüllt werden. Doch Leora half an diesem Morgen ihrem Vater Lamech und ihren Brüdern Jaron und Levi bei der Feldarbeit. Seufzend hebt Noomi den schweren Wasserkrug auf ihren Kopf. Das Zirpen der Grillen begleitet sie auf ihrem Weg. Noomi hängt ihren Gedanken nach. „Lamech sorgt sich. Die Hitze trocknet die Böden aus, sie lassen sich kaum bearbeiten. Und der Arm, den er sich letztes Jahr gebrochen hat, schmerzt ihn. Auch wenn er nichts sagt, ich kann es ihm ansehen." Die Sorgen ihres Mannes belasten auch Noomi: „Und alles nur, weil die Ochsen Lamech letztes Jahr beim Plätten des Bodens von den Beinen gerissen haben. Die Folgen bekommen wir immer noch zu spüren. Wir haben kaum noch Geld für die Saat. Was ist, wenn bei dieser Trockenheit nichts wächst? Vor Tagen schon sollte es regnen. Was ist, wenn kein Regen kommt?" Schritt für Schritt nähert sich Noomi ihrem Zuhause. Die Sonne ist rasch untergegangen, die Fledermäuse flattern über den Dächern. Noomi betritt den Innenhof und stellt mit einem leisen Ächzen den Wasserkrug ab. „Bald werden die anderen kommen und Hunger haben. Ich sollte mich mit dem Abendessen beeilen." Mit geübten Handgriffen bereitet sie den Teig für Fladenbrote zu. Das Mehl hatte sie bereits am Morgen gemahlen. Dann legt Noomi Datteln und süße Feigen in eine Schale. In eine zweite Schale kommen in Öl eingelegte Oliven. Während sie die Brote in den Ofen schiebt, überlegt sie, welche Ausgaben in der nächsten Zeit auf ihre Familie zukommen. „Die Tempelsteuer ist bereits bezahlt. Auch sonst sind in diesem Jahr nicht mehr viele religiöse Abgaben fällig. Aber Jaron wird bald 14 und Leora feiert ihren zwölften Geburtstag. Das wird auf den Steuerlisten vermerkt sein – und wir müssen dann vier Mal statt nur zwei Mal die Kopfsteuer zahlen. Und dann auch noch die Grundsteuer!" Noomi wird ganz flau beim Gedanken an den Besuch des Zollpächters. Doch schnell fasst sie wieder Mut: „Dann müssen Leora und ich eben mehr Tücher für den Markt weben. Wir werden das schaffen. Der Herr wird uns auch in diesem Jahr beistehen." Lamech und die drei Kinder betreten den Innenhof. Staubig und erschöpft, aber mit leuchtenden Augen schauen sie auf das Essen.

3 Lies den Text durch und besprich in einem Murmelgespräch deine ersten Fragen und Gedanken.

4 Warum sorgt sich Noomi und worauf hofft sie?
  a Formuliere einen Satz in der Ich-Form, der Noomis Sorgen ausdrückt, und einen zweiten Ich-Satz für ihre Hoffnungen.
  b Tragt in der Lerngruppe reihum zuerst Noomis Sorgen und abschließend ihre Hoffnungen vor.

Vierter Eintrag ins Forschertagebuch

Jesus wuchs als jüdischer Junge in Nazaret auf, einem kleinen Ort in Galiläa (vgl. Lk 4,16). Wie Josef erlernte er das Handwerk eines Zimmermanns (vgl. Mk 6,3). Aber wie lebte Jesus als Kind? In den ⤢Evangelien finden wir darüber fast nichts. Da wir manches über den damaligen Alltag in Galiläa wissen, können wir aber Vermutungen anstellen.

Schreibe die folgenden Fragen in dein Forschertagebuch und notiere in Stichworten passende Antworten. Hinweise dazu findest du in den Hinwegen dieses Kapitels: Wie wohnte Jesus? Was aß er? Was waren seine Aufgaben? Was lernte er? Was spielte er? Was feierte er?

Eine Hoffnung erfüllt sich

Auf dem Weg zum Tempel

Im Osten färbt sich der Himmel von der aufgehenden Sonne. Noch tut sich nicht viel auf den Straßen von Jerusalem, aber es ist erst halb sechs Uhr am Morgen. Lange wird es nicht mehr dauern, dann wird es hier nur so wimmeln von Menschen: Waren anpreisende Händler, um Preise feilschende Kunden, durch die Gassen rennende Kinder. Und nicht zu vergessen die unzähligen Pilger, die zum ⌐Tempel hinaufziehen, um dort Gott zu opfern und ihn anzubeten.

Zu den wenigen Personen, die sich zu so früher Stunde am Heiligtum aufhalten, gehören die Priester, aber auch Menschen, die sich nichts weiter wünschen, als Gott nahe zu sein. Sie fasten und beten viele Stunden, nur um ihrem Herrn zu dienen. Bald schon werden viele fromme und zum Teil von weither angereiste Menschen den Tempelplatz füllen.

Auch im Wohnort von Maria und Josef färbt sich der Himmel. Josef fährt aus wirren Träumen hoch und befürchtet schon, dass er verschlafen hat. Aber nein, gerade erst kräht der Hahn. Der heutige Tag ist wichtig, denn Josef will mit Maria zum Tempel nach Jerusalem gehen, um Gott zu danken und um Jesus dem Herrn zu weihen. Maria streichelt Jesus über den Kopf. Er ist ihr erstgeborener Sohn. Sie müssen ihn im Tempel für einige Schekel auslösen. So will es die ⌐Tora. Zudem ist die Zeit für das Reinigungsopfer gekommen. 40 Tage nach der Geburt eines Sohnes wird Gott eine Gabe gebracht. Solange gilt die Mutter als unrein und darf den Tempel nicht betreten. Mit traurigem Blick schaut Josef zu Maria hinüber und sagt: „Wir können Gott heute leider nur zwei Tauben geben. Ein Schaf können wir uns einfach nicht leisten. Wir kaufen sie bei den Händlern am Tempelberg." Stumm nickend bereitet Maria ihren Sohn Jesus auf den beschwerlichen Weg nach Jerusalem vor. Sie weiß, dass sie jede Münze zweimal umdrehen müssen, aber dieser Gang in den Tempel ist ihnen sehr wichtig.

Als alles vorbereitet ist, machen sie sich auf den Weg. Mit Jesus in den Armen folgt Maria ihrem Mann über sandige Pfade und hügeliges Land. Als der letzte Hügel geschafft ist, blickt die kleine Familie in ein Tal. Dahinter erhebt sich der Tempelberg. Ihr Ziel ist nicht mehr fern. Schon bald werden sie sich unter die vielen Menschen mischen, die man schon von hier aus am Tempelberg sieht. Menschen, die Gott im Tempel ganz nahe sein wollen.

---

1 Die Erzählung vom Weg zum Tempel nimmt einige Angaben aus Lk 2,22–24 auf. Lest den obigen Text vor und klärt miteinander im Gespräch folgende Fragen:

- Was unterscheidet den ⌐Tempel von einer ⌐Synagoge?
- Wie alt ist Jesus zum Zeitpunkt des Geschehens?
- Warum gehen Josef und Maria mit dem Jesuskind nach Jerusalem?

2 Tragt Lk 2,25–33 reihum laut vor: Alle Sprecher beginnen von vorne, jeder neue Sprecher nimmt einen weiteren Satz hinzu.

3 In Lk 2,29–32 spricht der greise Simeon, als er den kleinen Jesus sieht. Seit 2000 Jahren beten viele Christinnen und Christen diese Sätze, wenn die Nacht beginnt.

- **a** Lies die Verse 29–32 mehrmals leise durch.
- **b** Überlege, in welcher Form (Farbe, Größe, Schriftart) du Simeons Worte in dein Heft schreiben kannst, um sie gut darzustellen. Gestalte einen Hefteintrag.

25 Und siehe, in Jerusalem lebte ein Mann namens Simeon. Dieser Mann war gerecht und fromm und wartete auf den Trost Israels und der Heilige Geist ruhte auf ihm. 26 Vom Heiligen Geist war ihm offenbart worden, er werde den Tod nicht schauen, ehe er den Christus des Herrn gesehen habe. 27 Er wurde vom Geist in den Tempel geführt; und als die Eltern das Kind Jesus hereinbrachten, um mit ihm zu tun, was nach dem Gesetz üblich war, 28 nahm Simeon das Kind in seine Arme und pries Gott mit den Worten: 29 Nun lässt du Herr, deinen Knecht, wie du gesagt hast, in Frieden scheiden. 30 Denn meine Augen haben das Heil gesehen, 31 das du vor allen Völkern bereitet hast, 32 ein Licht, das die Heiden erleuchtet, und Herrlichkeit für dein Volk Israel. 33 Sein Vater und seine Mutter staunten über die Worte, die über Jesus gesagt wurden. (Lk 2,25–33)

4 *Dinah Roe Kendall: Vorstellung im Tempel (1996/1997)*

4 Christinnen und Christen nennen Vers 29–32 das Loblied des Simeon. Warum aber lobt der alte Mann Gott, als er den kleinen Jesus sieht?

  a Schreibt in die Mitte der Tafel oder eines Plakats: „Nun lässt du, Herr, deinen Knecht, wie du gesagt hast, in Frieden scheiden. Denn du hast …".

  b Sammelt und begründet eigene Vorschläge, wie dieser Satz ergänzt werden kann.

5 Betrachte das Bild.

  a Benenne die wichtigsten Figuren und finde für jede ein passendes Adjektiv.

  b Gestalte eine Sprechblase für die blau gekleidete Frau.

  c Stimmt ab, ob das Bild zum Bibeltext passt. Begründet eure Entscheidung.

Fünfter Eintrag ins Forschertagebuch

Lies in Lk 2,36–38 nach, was Lukas über die Prophetin Hanna schreibt. Versetze dich dann in die Figur der Hanna: Was sagt sie wohl über das kleine Jesuskind? Formuliere einen Satz aus Hannas Mund und gestalte dazu eine Sprechblase.

Standbilder bauen

Freeze!

„FREEZE!" – Herr Gebhard ruft ins Klassenzimmer. Alle Schülerinnen und Schüler der 5b bleiben bei diesem Kommando abrupt stehen. Keiner bewegt sich. Niemand spricht. Tim wackelt ein wenig. Jette, die neben ihm steht, muss deshalb leise kichern und verliert dabei fast das Gleichgewicht. Insgesamt versuchen aber alle, so gut es geht, wie eingefroren in der Bewegung zu verharren, in der sie sich befunden haben, als das Kommando ertönte. Was passiert hier gerade? Ganz klar: Die Klasse übt, still zu stehen wie ein Denkmal. Aber wozu eigentlich? – Dieses Einfrieren in der Bewegung ist eine Übung für das Standbildbauen. Im Standbild werden Situationen anders als durch Worte ausgedrückt. Die Gefühle und Haltungen der Menschen zueinander werden durch Personen dargestellt, die in ihrer Bewegung einfrieren.

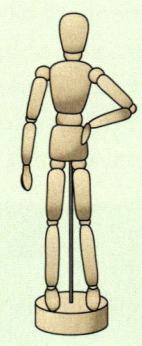

Wie baut man ein Standbild?

Die 5b ist mit der Freeze-Übung fertig und bildet nun Gruppen, in denen je ein Baumeister bestimmt wird. Jede Gruppe beginnt nun mit den Vorüberlegungen zu ihrem Standbild. Die Schülerinnen und Schüler haben zuvor die Bibelstelle vom zwölfjährigen Jesus im Tempel gelesen (Lk 2,41–52). Jetzt besprechen sie, was ihnen an der Szene wichtig ist, welche Gefühle und Gedanken der Menschen sie sichtbar machen können.

In Tims Gruppe sind noch Benni, Isabell, Marius und Mona. Die fünf diskutieren hitzig, weil sie sich nicht einig werden, worauf sie sich konzentrieren wollen. Viel Zeit haben sie nicht. Deshalb darf Benni, ihr Baumeister, entscheiden.

Und dann wird es plötzlich still. Die vier Schüler stehen starr an ihrem Platz, nur Benni allein ist aktiv. Er formt seine Mitschüler wie bewegliche Puppen und gestaltet ihre Körperhaltung, ihren Gesichtsausdruck sowie die Haltung der beteiligten Personen zueinander. Ist das Standbild fertig, erstarren die Darsteller.

1 Probiert die Freeze-Übung im Klassenzimmer aus: Geht umher und friert beim Kommando „Freeze!" eure Bewegung ein.

2 Für Fortgeschrittene: Anstatt „Freeze" wird ein Begriff gerufen, den man einfrierend darstellt, z. B. „Begrüßung!", „Mathe-Eins!", „Streit!", „Busfahrt!"

3 Lies die Bibelstelle Lk 2,41–52 und bestimme eine Szene aus der Geschichte, die Tims Gruppe aufstellen könnte. Tauscht euch zu zweit aus, welche Szenen ihr ausgesucht habt.

Wie präsentiert und bespricht man ein Standbild?

In der 5b präsentieren die Gruppen nacheinander ihre Ergebnisse. Dafür begeben sich Tim, Mona, Marius und Isabell in ihr Standbild und bleiben für mindestens eine Minute in dieser Haltung. Ihre Mitschülerinnen und Mitschüler beschreiben, was sie sehen, und besprechen, was das Standbild für sie ausdrückt. Danach erläutert Benni, der Baumeister, sein Standbild und nimmt Stellung zu den Beobachtungen der anderen. Ganz am Ende kommen auch die Darsteller zu Wort und teilen mit, was sie in der Haltung gespürt und gedacht haben.

Wie arbeitet man am Standbild weiter?

Die vorletzte Gruppe ist die von Jette. Die Darsteller stehen gerade in ihren Positionen. Alle warten darauf, dass die Besprechung beginnt, doch Herr Gebhard wählt ganz unerwartet vier Schüler aus, stellt sie hinter die Darsteller und lässt sie jeweils eine Hand auf deren Schulter legen. Jette ist ganz perplex. Beinahe hätte sie ihre eingefrorene Haltung aufgegeben. Herr Gebhard erklärt, dass sich der Hintermann in die Person hineinversetzen und ihr eine Stimme geben soll, die in der Ich-Form Gefühle, Erwartungen, Hoffnungen und Gedanken formulieren darf. Jettes Hintermann ist Niklas, Jette selbst stellt einen Toralehrer dar. Sie hört, wie Niklas sagt: „Den Jesus finde ich komisch.“ Auch die anderen Figuren bekommen eine Stimme. Jette hört zu. Ganz schön spannend, was da alles gesagt wird. Danach tauschen sich alle darüber aus, auch Jette, die eigentlich einen ganz anderen Satz hätte sagen wollen.

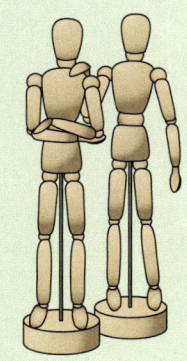

4 Was sollten die Darstellerinnen und Darsteller sowie ihr Publikum bei der Präsentation eines Standbildes beachten? Formuliert drei Regeln.

5 Bildet Gruppen und bestimmt einen Baumeister. Erarbeitet zu Lk 2,25–33 (Seite 43) ein Standbild nach folgendem Muster:
   a Tauscht euch darüber aus, wie euer Standbild aussehen soll und welches Gefühl ihr ausdrücken wollt.
   b Der Baumeister formt seine Mitschüler. Er gestaltet Körperhaltung, Gesichtsausdruck und wie sie zueinander stehen.
   c Die Schülerinnen und Schüler erstarren in ihrer Haltung.
   d Präsentiert und besprecht eure Standbilder zu Lk 2,25–33 abschließend in der Lerngruppe.

6 Für Fortgeschrittene: Lest Lk 2,21–35 und unterteilt den Text in unterschiedliche Szenen, die ihr als Standbild darstellen könnt. Baut dann die Standbilder und fotografiert sie. So könnt ihr euren eigenen Simeon-Fotoroman gestalten, ihn im Klassenzimmer aufhängen oder in euer Forschertagebuch kleben.

Christinnen und Christen erzählen von der Geburt des Retters

5 *Fotografie einer Kreidezeichnung (2007)*

1 Erkundet zu zweit das Foto.
   a Beginnt an seinen Rändern und geht dann zur Mitte des Bildes. Sprecht über eure Entdeckungen.
   b Vergleicht dieses Bild aus China mit Krippendarstellungen, wie sie bei uns vorkommen: Wo seht ihr Unterschiede und Gemeinsamkeiten?

2 Vor über 2000 Jahren wurde Jesus geboren. Weshalb erzählen Menschen bis heute weltweit von seiner Geburt?
   a Schreibt diese zwei Sätze in die Mitte eines großen Plakats.
   b Führt dann ein Schreibgespräch. Äußert euch schriftlich – ohne miteinander zu sprechen – auf dem Plakat und nehmt mit gezeichneten Pfeilen zueinander Stellung.

3 In Lk 2,1–20 wird von der Geburt Jesu erzählt. Gestalte zu dieser Erzählung eine Papierreiß-Krippe:
   a Lies Lk 2,1–20 und bestimme eine Szene, die du darstellen möchtest. Überlege, welche Figuren und Gegenstände du dafür brauchst.
   b Zeichne die Umrisse der Figuren und Gegenstände auf ein Blatt und reiße sie aus.
   c Präsentiert eure Papierreiß-Krippen als Schattenbilder auf dem Overheadprojektor.

4 „Heute ist euch in der Stadt Davids der Retter geboren; er ist der Christus, der Herr." Das sagt der Engel des Herrn in Lk 2,11. Wie kann denn ein Kind Retter, ↗Messias und Herr sein? Fertigt zu dieser Frage eine Gedankenschatzkiste an:
   a Schreibe deine Gedanken zu dieser Frage auf einen Zettel und wirf ihn in die Kiste.

[1] Es geschah aber in jenen Tagen, dass Kaiser Augustus den Befehl erließ, den ganzen Erdkreis in Steuerlisten einzutragen. [2] Diese Aufzeichnung war die erste; damals war Quirinius Statthalter von Syrien. [3] Da ging jeder in seine Stadt, um sich eintragen zu lassen. [4] So zog auch Josef von der Stadt Nazaret in Galiläa hinauf nach Judäa in die Stadt Davids, die Betlehem heißt; denn er war aus dem Haus und Geschlecht Davids. [5] Er wollte sich eintragen lassen mit Maria, seiner Verlobten, die ein Kind erwartete. [6] Es geschah, als sie dort waren, da erfüllten sich die Tage, dass sie gebären sollte, [7] und sie gebar ihren Sohn, den Erstgeborenen. Sie wickelte ihn in Windeln und legte ihn in eine Krippe, weil in der Herberge kein Platz für sie war. [8] In dieser Gegend lagerten Hirten auf freiem Feld und hielten Nachtwache bei ihrer Herde. [9] Da trat ein Engel des Herrn zu ihnen und die Herrlichkeit des Herrn umstrahlte sie und sie fürchteten sich sehr. [10] Der Engel sagte zu ihnen: Fürchtet euch nicht, denn siehe, ich verkünde euch eine große Freude, die dem ganzen Volk zuteilwerden soll: [11] Heute ist euch in der Stadt Davids der Retter geboren; er ist der Christus, der Herr. [12] Und das soll euch als Zeichen dienen: Ihr werdet ein Kind finden, das, in Windeln gewickelt, in einer Krippe liegt. [13] Und plötzlich war bei dem Engel ein großes himmlisches Heer, das Gott lobte und sprach: [14] Ehre sei Gott in der Höhe und Friede auf Erden den Menschen seines Wohlgefallens. [15] Und es geschah, als die Engel von ihnen in den Himmel zurückgekehrt waren, sagten die Hirten zueinander: Lasst uns nach Betlehem gehen, um das Ereignis zu sehen, das uns der Herr kundgetan hat. [16] So eilten sie hin und fanden Maria und Josef und das Kind, das in der Krippe lag. [17] Als sie es sahen, erzählten sie von dem Wort, das ihnen über dieses Kind gesagt worden war. [18] Und alle, die es hörten, staunten über das, was ihnen von den Hirten erzählt wurde. [19] Maria aber bewahrte alle diese Worte und erwog sie in ihrem Herzen. [20] Die Hirten kehrten zurück, rühmten Gott und priesen ihn für alles, was sie gehört und gesehen hatten, so wie es ihnen gesagt worden war. (Lk 2,1–20)

b Bildet einen Sitzkreis, zieht einen Zettel, lest ihn vor und besprecht ihn: Stimmt ihr zu? Sieht das jemand anders? Ergeben sich neue Fragen? Zieht den nächsten Zettel.

5 Eine ganz andere Geschichte zur Geburt Jesu erzählt Mt 2,1–12.
   a Bildet Gruppen und lest die Geschichte vor.
   b Zeichnet gemeinsam ein Bild, das den Weg der Sterndeuter veranschaulicht.
   c Was müsstet ihr an eurer Zeichnung alles ändern, damit sie zu Lk 2,1–20 passt? Beratschlagt euch in der Gruppe.

6 Laut Mt 2,2 und 2,11 unternehmen die Sterndeuter ihre Reise, um Jesus zu huldigen.
   a Das Wort „huldigen" wird heute selten verwendet. Nennt Verben, die es ersetzen können.
   b Wieso wollen die Sterndeuter dem Jesuskind huldigen? Sucht nach Hinweisen in Mt 2,1–12.
   c Neben dem Jesuskind kommen in Lk 2,1–20 Josef und Maria, die Hirten, der Engel des Herrn und das himmlische Heer vor. Huldigte auch jemand von ihnen dem Jesuskind? Diskutiert die Frage.

Sechster Eintrag ins Forschertagebuch

Prüfe, was Menschen aus deiner Umgebung (Familie, Nachbarn …) von der Weihnachtsgeschichte wissen. Überlege dir vier Fragen und notiere sie. Lass den Fragebogen von mindestens fünf Personen ausfüllen. Fasse zum Schluss deine Ergebnisse im Forschertagebuch zusammen.

Christinnen und Christen feiern die Geburt des Retters

Tina und Andi besuchen die Kirchenmusikerin Frau Pfeifer, um mehr über das Weihnachtsfest zu erfahren. Frau Pfeifer zeigt den Weihnachtsforschern einen Kalender und beantwortet die Fragen der zwei, so gut es geht. Mit Frau Pfeifers Hilfe fertigen Tina und Andi Notizen an, die sie mit in den Unterricht nehmen wollen.

22.12.	Sonntag – 4. Advent
23.12	
24.12.	Heiligabend
25.12.	Weihnachten Hochfest der Geburt des Herrn
26.12.	Zweiter Weihnachtstag *Hl. Stephanus, erster Märtyrer*
27.12.	*Hl. Johannes, Evangelist*
28.12.	*Fest der unschuldigen Kinder*
29.12.	Sonntag – Fest der Hl. Familie
30.12.	
31.12.	*Silvester*

24.12.

Die Bibel erzählt: Am Rande des Römischen Reiches wird ein Kind geboren. Dieses Kind ist etwas ganz Besonderes: Es ist der Sohn Gottes. Gott wird Mensch in Jesus. Das feiern wir Christen an Weihnachten.

Da früher der Tag mit dem Abend begann, beginnt das Weihnachtsfest bereits an Heiligabend. Am Heiligen Abend findet die Bescherung statt und die Christmette wird gefeiert.

26.12.

Mit dem 25. Dezember ist Weihnachten noch nicht vorbei. Über zwei Wochen lang wird die Geburt Jesu nachgefeiert. Der Zweite Weihnachtstag ist der Gedenktag des heiligen Stephanus, eines frühen Christen, der für seinen Glauben gestorben ist. Das kann man in der Apostelgeschichte nachlesen.

25.12.

Das Weihnachtsfest wird erst seit dem 4. Jahrhundert am 25. Dezember gefeiert. Im Alten Rom gab es an diesem Termin bereits ein großes Fest mit Spielen im Zirkus. Verehrt wurde der unbesiegbare Sonnengott (lateinisch: „sol invictus"). Unter Kaiser Konstantin wurde die Feier der Geburt Jesu genau auf diesen Tag gelegt. Denn für Christen ist mit Jesus die wahre Sonne geboren, die die dunkle Welt erhellt. So konnten Heiden und die zuvor verfolgten Christinnen und Christen ein gemeinsames Volksfest begehen.

31.12.

Silvester war ein Papst und lebte im 4. Jahrhundert (zur Zeit Kaiser Konstantins) in Rom. Er erlebte eine großartige Wende: Zuvor waren die Christinnen und Christen im Römischen Reich angefeindet und verfolgt worden. Nun trat man ihnen von staatlicher Seite freundlich entgegen. Silvester verstarb am 31. Dezember. Er gilt als Schutzheiliger der Haustiere.

1 Betrachte den Kalender von Frau Pfeifer. Achte dabei auf die Farben und Namen der Festtage.

  a Übertrage den Kalender in dein Heft. Schreibe mit Bleistift neben jene Gedenktage, die du kennst, ein Ausrufezeichen, und neben jene, die dir unbekannt sind, ein Fragezeichen.

  b Die Tage vom 25.12. bis zum 1.1. werden Weihnachtsoktav genannt. Zähle diese acht Tage nach und vermerke die Bezeichnung „Weihnachtsoktav" in deinem Kalender.

2 Lest die Notizzettel von Andi und Tina in kleinen Gruppen abwechselnd vor.

  a Teilt nach dem Lesen mit, was euch völlig neu war oder was euch überrascht hat.

6.1.

„Epiphanie" bedeutet „Erscheinung", dahinter steckt das griechische Wort für „sich zeigen". Der Festtag erinnert an biblische Ereignisse, in denen klar wird, wer Jesus wirklich ist. Jesus zeigt sich, er erscheint unter den Menschen als der Sohn Gottes.
So erzählt das Matthäusevangelium, wie schon das Jesuskind von weit gereisten Sterndeutern besucht und verehrt wird. Weil diese Sterndeuter später als heilige drei Könige gelten, nennt man den 6. Januar auch Dreikönigstag. Im Johannesevangelium lesen wir, wie Jesus gleich zu Beginn seines Wirkens auf sich aufmerksam macht, als er auf einer Hochzeit in Kana Wasser in Wein wandelt.

1.1.	Neujahr Hochfest der Gottesmutter
2.1.	
3.1.	
4.1.	
5.1.	Sonntag
6.1.	Erscheinung des Herrn (Epiphanie)
7.1.	
8.1.	
9.1.	
10.1.	
11.1.	
12.1.	Sonntag – Taufe des Herrn

Sonntag nach dem 6.1.

Am Sonntag nach Epiphanie wird der Taufe Jesu gedacht. Die ↗Evangelien erzählen, dass Jesus im Jordan von Johannes („dem Täufer") getauft wird und eine Stimme vom Himmel zu ihm „mein geliebter Sohn" sagt. Hier zeigt sich noch einmal, wer Jesus ist. Mit dem Festtag der Taufe des Herrn endet die Weihnachtszeit.

„Der du die Zeit in Händen hast", „Es ist ein Ros' entsprungen". Ordnet jedem Lied den passenden Festtag zu. **Tipp:** Ihr könnt im „Gotteslob" nachschauen.

3 „Lobt Gott, ihr Christen alle gleich" lautet der Titel des Weihnachtsliedes, das Frau Pfeifer am allerbesten gefällt (Gotteslob Nr. 247). Wofür könnten alle Christinnen und Christen Gott in der Weihnachtszeit loben? Nimm dir kurz Zeit, um eine eigene Antwort zu notieren. Besprecht dann eure unterschiedlichen Ideen.

b Frau Pfeifer weiß über sechs Tage ganz Unterschiedliches zu berichten. Einigt euch auf zwei wichtige Stichworte zu jedem dieser Tage und schreibt sie ins Heft.

c Frau Pfeifer nennt Lieder, die sie gern am Hochfest der Geburt des Herrn, an Neujahr und an Epiphanie spielt: „Seht, unser König kommt",

4 Tauscht euch aus, welche Tage euch – außer dem Weihnachtsfest – aus dem Kalender von Frau Pfeifer wichtig sind. Schreibt eure Gründe anschließend ins Heft. Ihr könnt so beginnen: Neben dem Weihnachtsfest finde ich … wichtig, weil …

> ### Siebter Eintrag ins Forschertagebuch
>
> Wähle einen Tag aus Frau Pfeifers Kalender aus, der dir noch unbekannt ist. Sammle Informationen zu diesem Tag. Du kannst Fachleute befragen, in der Schulbibliothek nachlesen oder im Internet forschen. Entwirf einen Text, der den von dir gewählten Tag kurz erklärt, und schreibe ihn in dein Forschertagebuch.

Auf dem Weg zum großen Fest

Mit dem ersten ↗Adventssonntag beginnt die Vorbereitung auf das Weihnachtsfest, und am Adventskranz leuchtet die erste Kerze. Die Vierzahl seiner Kerzen und seine runde Form stehen für etwas Ganzes und Vollkommenes. So versinnbildlicht der Adventskranz die Hoffnung, die Welt möge mit der Ankunft von Christus vollkommen und heil werden. Für diese Hoffnung stehen auch die grünen Zweige. Die Kerzen veranschaulichen die Vorstellung, Christus bringe Licht und Güte in die Welt. Erfunden hat den Adventskranz ein ↗evangelischer Pastor, der mit armen Kindern zusammenlebte.

Am Tag der heiligen Barbara, dem 4. Dezember, werden Zweige von Obstbäumen geschnitten und ins Zimmer gestellt, damit sie bis Weihnachten blühen. Die Blütenzweige verweisen auf Jesus, der als neuer Zweig im Stammbaum König Davids erblüht. Am 6. Dezember wird der Gedenktag des heiligen Nikolaus gefeiert. Viele Legenden ranken sich um den Bischof von Myra, der um 350 in der heutigen Türkei lebte. Nikolaus gilt als Schutzheiliger der Kinder und Schüler, vor allem aber als Gabenspender. Er bringt Äpfel, Nüsse und andere Geschenke und zeigt so die Güte Gottes. Die Äpfel erinnern an die verbotene Paradiesfrucht (vgl. Gen 3), die Unheil gebracht hat, aber in der Hand des Jesuskindes Rettung verspricht. Als Glaskugeln finden sich die Äpfel auch am Weihnachtsbaum wieder. Für manche verweisen sogar die Nüsse auf das Jesuskind: Wie der feine Nusskern in der harten Schale – so lag der Erlöser in der Krippe.

1 Decke das Bild mit einem Blatt Papier ab. Schiebe es dann Stück für Stück zur Seite und benenne für dich, was du siehst.

2 Einigt euch zu zweit: Was kam zuerst ins Zimmer – und was zuletzt?

3 Lies den Text aufmerksam durch.
   a Zeichne einen großen Stern mit sechs Zacken in dein Heft. Beschrifte die Zacken mit den Namen von Gegenständen, die du auf dem Bild siehst.
   b Schreibe jeweils in einem kurzen Satz dazu, warum gerade dieser Gegenstand in der Advents- und Weihnachtszeit vorkommt.

4 Alle Gegenstände im Zimmer können an die Geburt Jesu erinnern. Stimmt dieser Satz? Diskutiert in der Lerngruppe.

Was wäre der Heilige Abend ohne Weihnachtsbaum? Im dunklen Winter weckt die grüne Tanne Hoffnung auf Leben. Engel, Sterne und kleine Gaben, die am Baum hängen, erinnern uns an die Weihnachtserzählungen: Engel verkünden die Geburt des Retters (vgl. Lk 2,1–20), ein Stern geht auf über Betlehem, die Sterndeuter haben Geschenke für das Jesuskind im Gepäck. Sie überreichen ihm Gold, Weihrauch und Myrrhe – kostbare Gaben, die eines Königs würdig sind (vgl. Mt 2,1–12). Die Strohsterne am Baum erinnern an die Futterkrippe, in der das Jesuskind lag. Die Krippe zeigt, dass Gottes Sohn in Armut zur Welt kam und Not leidenden Menschen Hoffnung schenken kann. Wenn der geschmückte Baum im Kerzenglanz erstrahlt, lässt dies an Christus als das „Licht der Welt" (Joh 8,12) denken.

Mit der Bescherung an Heiligabend geben Menschen ihre Weihnachtsfreude weiter. Ihre Gaben können das große Geschenk ins Gedächtnis rufen: Gott hat seinen Sohn zu den Menschen gesandt. Der Christstollen auf dem Gabentisch soll die Weihnachtszeit „versüßen". Mit seiner Form erinnert er an das in Windeln gewickelte Jesuskind.

5 Auf dem Bild fehlen doch Sachen, die zu Advent und Weihnachten gehören!
   a Überlege dir zwei Gegenstände, die du noch ins Zimmer stellen würdest.
   b Sammelt eure Vorschläge und begründet sie.
   c Welcher Gegenstand hat für dich in der Advents- und Weihnachtszeit eine besondere Bedeutung? Zeichne ihn in dein Heft.

Achter Eintrag ins Forschertagebuch

In vielen Ländern der Welt werden ↗Advent und Weihnachten sehr unterschiedlich gefeiert.
   a Finde einen Gegenstand heraus, der in einem anderen Land zu Advent oder Weihnachten gehört. Dazu befragst du Menschen, die aus einem anderen Land nach Deutschland kamen (z. B. Schülerinnen oder Schüler). Zusätzlich kannst du in Büchern oder im Internet forschen.
   b Suche eine Abbildung (z. B. Fotografie) des ausgesuchten Gegenstands und klebe sie in dein Forschertagebuch. Schreibe darunter, aus welchem Land der Gegenstand kommt und welche Bedeutung er dort in der Advents- und Weihnachtszeit hat.

Weihnachtslied ist nicht gleich Weihnachtslied

Stille Nacht, heilige Nacht

In diesem Kapitel hast du dich mit den Erwartungen der Menschen, die zur Zeit Jesu lebten, beschäftigt. Diese Erwartungen gestalteten sich ganz unterschiedlich, aber für viele stand die Hoffnung auf einen Retter im Zentrum ihrer Wünsche. Du hast auch erfahren, dass Christinnen und Christen die Geburt dieses Retters jedes Jahr mit dem Weihnachtsfest feiern. Auf dieses Fest bereiten sie sich in der Adventszeit vor. Sie gestalten es besonders feierlich und besinnlich, indem sie mit Weihnachtsliedern ihre Stimmungen und Erwartungen ausdrücken. Hier ist eines der bekanntesten Weihnachtslieder:

1 Im Lied „Stille Nacht, heilige Nacht", das sich auch im Gotteslob findet (Nr. 249), gibt es einige Hinweise auf die lukanische Weihnachtsgeschichte. Lies die drei Strophen und notiere fünf Wörter, die gut zu Lk 2,1–20 passen.

2 Die zweite Strophe schließt mit dem Satz: „Christ, der Retter ist da". Umschreibe mit drei Sätzen, was diese Aussage heute bedeuten kann.

3 Die Weihnachtszeit umfasst unterschiedliche Fest- und Gedenktage. Bestimme und begründe, an welchem Tag dieses Lied am häufigsten gesungen wird.

4 Schildere kurz, was dem Sänger des Liedes „Last Christmas" letztes Weihnachten passiert ist.

5 Ist „Last Christmas" ein richtiges Weihnachtslied? Erläutere deine Meinung.

Last Christmas von WHAM!

Neben den traditionellen Weihnachtsliedern gibt es viele moderne Lieder, die in der Advents- und Weihnachtszeit zu hören sind. Hier ein Beispiel in deutscher Übersetzung:

REFRAIN
Letztes Weihnachten gab ich dir mein Herz.
Doch schon am nächsten Tag warfst du es fort.
Dieses Jahr, um mir Tränen zu ersparen,
werde ich es jemandem Besonderen schenken.

Ein gebranntes Kind scheut das Feuer.
Ich halte Abstand zu dir, doch noch immer kann ich
meinen Blick nicht von dir lassen.
Sag mir, Schatz, erinnerst du dich an mich?
Nun, nach einem Jahr überrascht mich das nicht.

„Frohe Weihnachten."
Ich packte es ein und schickte es
mit den ernst gemeinten Worten:
„Ich liebe dich."
Ich erkenne nun, was für ein Idiot ich war.
Aber wenn du mich jetzt küssen würdest,
wüsste ich, dass du mich wieder täuschst.

Ein überfüllter Raum, Freunde mit müden Augen.
Ich verstecke mich vor dir und deiner eisigen Seele.
Mein Gott, ich dachte, du wärst jemand,
auf den man sich verlassen kann.
Ich? Ich glaube, ich war eine Schulter zum Ausweinen.

Das Gesicht eines Liebenden mit Feuer in seinem Herz.
Ich war auf der Hut, aber du hast mich zerbrochen.
Oh, oh, nun, da ich wahre Liebe gefunden habe,
wirst du mich nicht mehr täuschen.

Das Gesicht eines Liebenden mit Feuer in seinem Herz
(ich habe dir meines gegeben).
Ich war auf der Hut, aber du hast mich zerbrochen.
Vielleicht nächstes Jahr,
da schenke ich es jemandem Besonderen.
Ich werde es jemandem Besonderen schenken.

Übersetzung von Schülerinnen und Schülern des AKG Traunstein

6 „Last Christmas" ist das in den letzten Jahren im Radio am häufigsten gespielte Weihnachtslied.

Beschreibe in drei Sätzen, warum dieses Lied so viele Menschen berührt.

Und wie feiert man heute?

1 Cartoons sind Zeichnungen, die ein witziges Geschehen darstellen.

   a Nehmt euch Zeit, den Cartoon zu betrachten. Beschreibt die Reaktionen, die er bei euch hervorruft.

   b Wer spricht hier eigentlich unter dem Geschenkeberg? Sammelt eure Vermutungen.

   c Überlege dir eine dritte Sprechblase für den Cartoon und übertrage sie in dein Heft.

Neunter Eintrag ins Forschertagebuch

Gestalte deinen eigenen Weihnachtscartoon.

   a Überlege dir eine witzige Situation zum Thema „Weihnachten" und zeichne sie auf ein Blatt Papier.

   b Stellt eure Cartoons im Klassenzimmer aus und besprecht sie bei einem Rundgang.

   c Klebe deinen Weihnachtscartoon abschließend in dein Forschertagebuch.

Eine weihnachtliche Szene

„Max! Ma-ax! Kommst du endlich frühstücken?", ruft Mama laut die Treppe hinauf. Eilig zieht sich Max einen Kapuzenpulli über und düst aus seinem Zimmer. Dabei wäre er fast mit Nina, seiner kleinen Schwester, zusammengestoßen. Sich gegenseitig anrempelnd und mit einem dicken Grinsen im Gesicht stürzen die beiden zum Frühstückstisch. Heute ist ein besonderer Tag. Der Tag hat Programm, denn heute ist der 24. Dezember: Heiligabend! Nach dem Frühstück fahren sie los, um den Christbaum zu holen, den Papa vor einigen Tagen bestellt hat. Das ist ein Ritual für sie. Solange sich Nina und Max erinnern können, machen sie das gemeinsam. Dazu gehört auch, dass sie später zusammen mit Mama den Baum mit Kugeln und Strohsternen schmücken, während Papa die Lichterkette anbringt. Da kommt so richtig weihnachtliche Stimmung auf und die Vorfreude auf den gemeinsamen Abend wächst. Blöd nur, dass sich der Baum, den sie dieses Jahr bekommen haben, beim Auspacken im Wohnzimmer als ziemlich schief und mickrig erweist. „Das kommt davon, wenn man sich erst so spät darum kümmert. Ich hab es dir ja gleich gesagt!", sagt Mama vorwurfsvoll zu Papa. „Dann wollen wir mal schauen, wie wir dieses Elend noch zu einem Weihnachtsbaum machen." Während Nina und Max die vielen Schachteln mit den Kugeln und Strohsternen holen, stellen Mama und Papa den Weihnachtsbaum in den Ständer. Dabei zwickt sich Papa den Finger ein und fährt seine Frau är-

gerlich an: „Mensch, Moni, pass doch auf!" „Wenn Paps jetzt Mamas Blick gesehen hätte, dann …", denkt sich Max, der die Szene beobachtet hat, aber recht viel weiter kommt er mit seinen Gedanken nicht. Von hinten drängelt sich Nina mit einem schiefen und wackeligen Turm aus Weihnachtskugelschachteln an ihm vorbei und ruft laut: „He, weg da!" Max versucht noch, seiner Schwester auszuweichen, aber zwei Leute passen nun einmal nicht gleichzeitig durch die Wohnzimmertür. Und erst recht nicht, wenn sie so voll beladen sind …

---

2 Lest den Text laut vor.

a Tauscht euch darüber aus, was an diesem Weihnachtsmorgen in Max' Familie so alles passiert.

b Formuliert Tipps, die Max und seiner Familie in dieser angespannten Situation helfen können.

3 Die Geschichte ist noch nicht zu Ende.

a Schreibe die Geschichte weiter und gib ihr eine passende Überschrift.

b Tragt eure Fortsetzungen der Erzählung in einer Klassenlesung vor.

Unsere Adventsfeier

Kurz vor den Weihnachtsferien möchten Tina und Andi mit ihrer Klasse eine Adventsfeier durchführen und schlagen dies in einer Stunde mit der Klassenleiterin vor. Sie haben sich überlegt, wie möglichst viele Schülerinnen und Schüler die Feier gestalten könnten. Sie wollen Gruppen bilden, die dann jeweils für eine Aufgabe verantwortlich sind. Aber was braucht man für eine gelungene Adventsfeier?

Tina: Auf jeden Fall sollten wir den Raum verschönern. Es soll nicht so aussehen wie in jeder gewöhnlichen Unterrichtsstunde. Zu viert oder zu fünft können wir das schaffen: Bänke umstellen, ein paar schöne Fenstersterne aufhängen, Kerzen oder Teelichter aufstellen, Servietten als Tischdeckchen, Tannenzweige zur Dekoration … Wer macht mit?

Anja: Mensch, Susi, wir wollten uns doch eh noch mal mit Mira zum Backen in der Vorweihnachtszeit treffen. Da könnten wir doch gleich für unsere Klassenfeier etwas machen.

Mira: Ich habe ein neues Rezept für Vanillesterne von meiner Oma bekommen. Das probieren wir gleich aus.

Tom: Wir backen am Wochenende zu Hause Lebkuchen. Da kann ich dann auch welche mitbringen.

Anna: Und schöne Musik brauchen wir auch. Carla und ich, wir könnten zusammen mit Gitarre und Flöte Weihnachtslieder spielen.

Tobi: Meine Eltern haben außerdem eine große CD-Sammlung. Da finde ich bestimmt etwas Passendes, was ich mir ausleihen darf. Wenn Maxi heute Nachmittag zu mir kommt, schauen wir mal zusammen, was zu unserer Adventsfeier passen könnte.

Andi: Deko, Essen und Musik sind ja nicht schlecht. Aber was wollen wir denn eigentlich inhaltlich machen?

Lehrerin: Das müsste ja wohl etwas mit dem Kommen Christi zu tun haben. ↗Advent heißt schließlich „Ankunft".

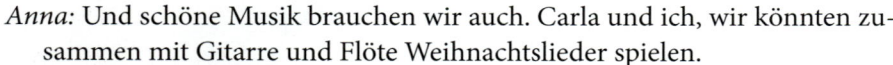

1 Lest das Klassengespräch in verteilten Rollen vor.

2 ↗Adventsfeier oder Weihnachtsfeier? Klärt gemeinsam, wann welche Benennung passt.

3 Besprecht und entscheidet, ob ihr in eurer Lerngruppe eine Adventsfeier gestalten wollt.

4 Falls ihr eine Adventsfeier machen wollt, könnt ihr so vorgehen:

  a Legt fest, welche Bereiche (z. B. Musik) für die Gestaltung eurer Adventsfeier wichtig sind.

Justus: Wir könnten einige Zettel aus unserer Gedankenschatzkiste vorlesen. Da hatten wir ja überlegt, wie denn ein Kind der Retter und ↗Messias sein kann.

Sandra: Das Loblied des Simeon fände ich toll – und das Bild, das wir dazu angeschaut haben.

Andi: Wir könnten auch eine Weihnachtsgeschichte aus der Bibel vortragen.

Elke: Ich frag' auch unsere Religionslehrerin nach einer schönen Geschichte zum Advent.

Kathi: Wir könnten auch noch selbst etwas machen, aber einfache Krippenspiele finde ich langweilig. Wie wäre es, wenn wir zum Beispiel drei Hirten spielen, die sich über die ganze Sache in Betlehem unterhalten, bevor sie hingehen …

Andi: … oder diskutieren, ob sie überhaupt hingehen sollen. Da fällt mir schon was ein. Wer macht noch mit?

Vroni: Ich mach' auf jeden Fall mit, mir fällt da auch was ein – über die Leute damals in Israel haben wir ja einiges gelernt.

Jonas: Wir könnten auch selbst etwas singen. Sophie, suchst du mit mir nach Liedern?

Sophie: Lass uns mal im Gotteslob nachschauen.

Tina: Wir schreiben am besten unsere Ideen auf Zettel, die wir an die Pinnwand hier im Klassenzimmer hängen. Dann können wir gemeinsam verteilen, wer welche Aufgaben übernimmt.

b Sammelt Ideen für eure Feier. Ihr könnt Vorschläge aus dem Text aufnehmen oder noch einmal durch das Kapitel blättern. Schreibt eure Ideen auf Zettel und ordnet sie den einzelnen Bereichen zu.

c Entscheidet gemeinsam, was ihr tatsächlich bei eurer Adventsfeier umsetzen wollt.

d Entwerft auf einem Plakat den Ablaufplan eurer Feier und schreibt dazu, wer welche Aufgaben übernimmt.

Letzter Eintrag ins Forschertagebuch

Das Eingangsbild dieses Kapitels (Seite 33) widmet sich dem ↗Advent. Der Bildtitel lautet „Ankunft".

a Beschreibt euch gegenseitig, was ihr auf diesem Bild entdeckt.

b Übertrage die deutlich sichtbaren Formen des Bildes in dein Forschertagebuch.

c Verfremde das übertragene Bild, indem du es weitermalst, umänderst oder mit Wörtern gestaltest.

Präsentation deines Forschertagebuches

Du hast dein Forschertagebuch nach langer Arbeit endlich fertiggestellt. Nun ist es an der Zeit, dein Werk zu präsentieren. Überlege, wem du dein Forschertagebuch gern zeigen und mit wem du darüber sprechen möchtest. Setze dir dafür zwei Termine in der nächsten Woche.

Was würdest du machen, wenn Weihnachten wär'

Was würdest du machen, wenn Weihnachten wär'
und kein Engel würde singen.
Es gäbe auch keine Geschenke mehr,
kein „Süßer-die-Glocken-nie-klingen".

5 Im Fernsehen hätte der Nachrichtensprecher
Weihnachten glatt vergessen,
und niemand auf der ganzen Welt
würde Nürnberger Lebkuchen essen.

Die Nacht wäre kalt.
10 Dicke Schneeflocken fielen,
als hätt' sie der Himmel verloren.
Und irgendwo in Afghanistan
würde ein Kind geboren.

In einem Stall, stell es dir vor.
15 Die Eltern haben kein Haus.
Was glaubst du, wie ginge wohl dieses Mal
eine solche Geschichte aus?

Jutta Richter

---

1 Lasst euch das Gedicht vortragen.

2 Ein Verlag plant, das Gedicht von Jutta Richter in einer Weihnachtskarte abzudrucken. Allerdings fehlt ein Bild für die Vorderseite. Der Verlag möchte dafür ein besonderes Bild, das nur mit drei Farben gemalt ist. Verschiedene Künstlerinnen und Künstler werden eingeladen, Bilder anzufertigen. Am Ende soll das passende Bild für die Karte ausgewählt werden.

a Stell dir vor, du wirst vom Verlag gefragt: Lies das Gedicht aufmerksam durch und überlege, welche drei Farben und welches Bild am besten dazu passen würden.

b Falte ein DIN-A4-Blatt in der Mitte und gestalte auf der Vorderseite dein Bild. Denke daran, nur drei Farben zu verwenden.

c Übertrage nach dem Malen das Gedicht von Jutta Richter auf die linke Innenseite deiner Karte.

d Präsentiere deine Karte in der Lerngruppe und stelle heraus, warum gerade dein Bild sehr gut zum Gedicht passt.

e Wenn du magst, kannst du in deine Weihnachtskarte Grüße schreiben und sie an jemanden verschicken.

3

Menschen fragen nach Gott

Zugänge zum christlichen Gottesverständnis

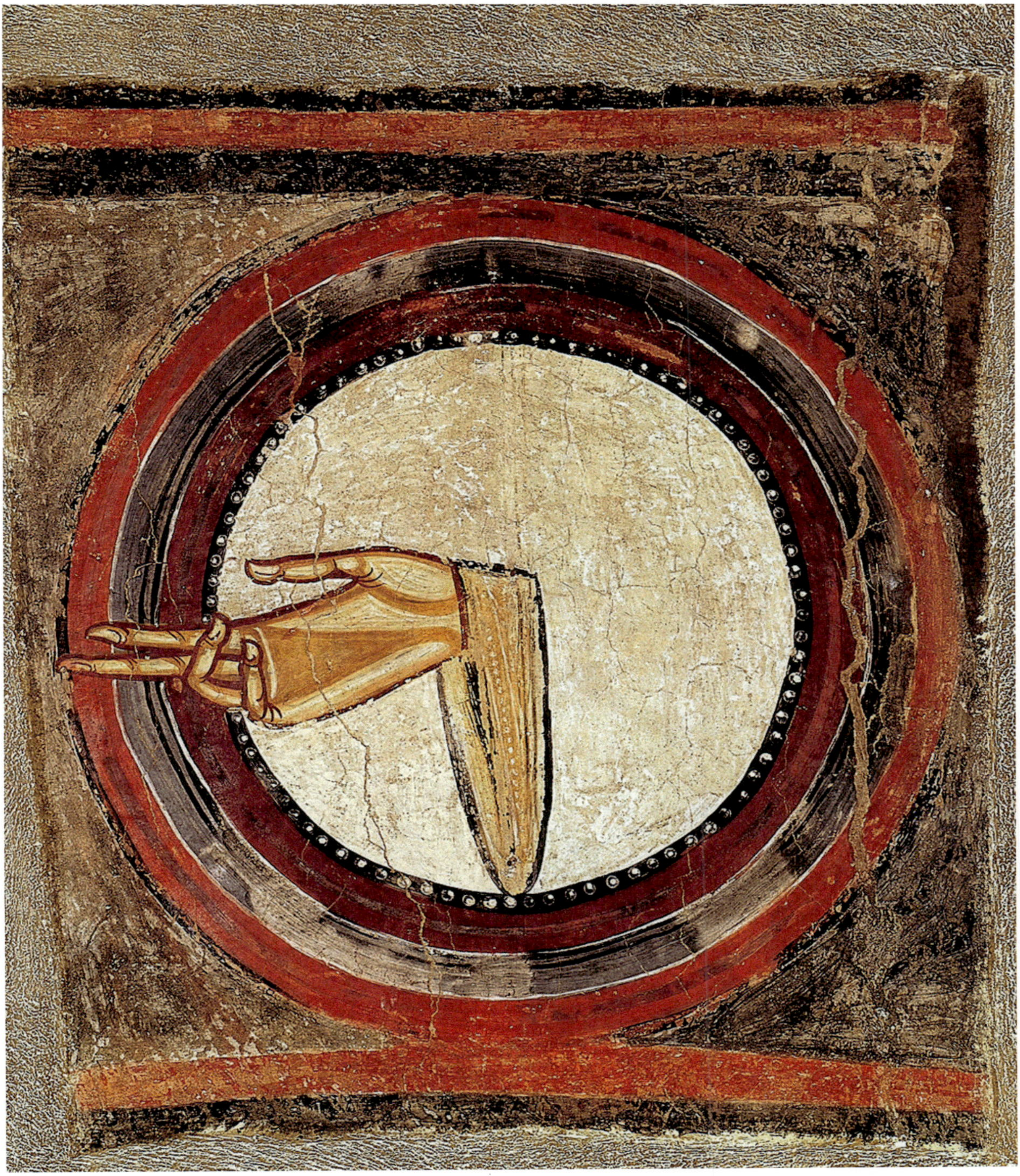

Wie Menschen sich Gott vorstellen

Nichts ist wichtiger für die meisten Religionen, nichts schwieriger zu beantworten als die Frage nach Gott. Ganz unterschiedlich stellen sich Menschen Gott vor: Ausgehend von Gottesbildern heutiger Kinder nehmen euch die Hinwege dieses Kapitels mit auf eine Zeitreise zu den antiken Gottesvorstellungen der Mesopotamier, Ägypter und Griechen. In den Durchgängen geht es anschließend darum, wie die Bibel von Gott spricht und wie Christinnen und Christen ihn sehen. Ganz wichtig sind dabei die Vorstellungen von Gott als Schöpfer, Befreier, Vater und Dreieiniger. In den Ausblicken könnt ihr dann entdecken, wo Menschen sich heutzutage auf Gott besinnen und wie er in Graffitis vorkommt.

Die Menschen stellen sich Gott je nach ihrer Lebenslage und ihrem Alter ganz unterschiedlich vor. Ein Weg, ihre Vorstellungen von Gott kennenzulernen, sind bildliche Darstellungen. Manche Religionen – zum Beispiel Judentum und Islam – weigern sich, Gott ins Bild zu setzen. Im christlichen Kulturkreis dagegen sind Gottesbilder weit verbreitet. Sie begegnen uns nicht nur in Kirchen und Museen. Auch Kinder malen ihre eigenen Gottesvorstellungen.

A

B

C

D

1 Alle vier Bilder wurden von Kindern gemalt, um Gott darzustellen. Beschreibt euch gegenseitig, welche Farben und Formen ihr auf jedem Bild seht.

2 Was könnten die vier Bilder über Gott aussagen?

   a Finde für jedes Bild ein Verb, das den Satz „Gott ... die Welt." vervollständigt, zum Beispiel: Gott bestaunt die Welt. Schreibe deine Sätze auf vier kleine Zettel.

   b Arbeitet zu zweit und tauscht die Zettel untereinander aus. Entscheide, welcher Satz der Partnerin oder des Partners am besten zu welchem Bild passt.

   c Stellt euch gegenseitig eure Zuordnungen vor. Löst dann das Rätsel auf: Welchen Titel hatte die Partnerin oder der Partner für welches Bild vorgesehen?

3 Das Eingangsbild dieses Kapitels (Seite 59) zeigt, wie ein Künstler vor 900 Jahren Gott darstellte.

   a Nimm dir eine Minute Zeit, um das Bild in Stille zu betrachten.

   b Wie wirkt das Bild auf mich? Teilt mit, was euch spontan einfällt.

   c Sammelt auch für dieses Bild Verben, die den Satz „Gott ... die Welt." vervollständigen.

4 Gott lässt sich nicht nur in Bildern darstellen, sondern auch in Klängen, Tönen und Geräuschen.

   a Überlege für dich selbst unterschiedliche Klänge, Töne und Geräusche, die Gott darstellen könnten.

   b Entscheide dich für eine Möglichkeit und vervollständige den Satz „Gott könnte sich anhören wie ...". Schreibe deinen Satz ins Heft.

   c Fasst alle eure Sätze auf einem Plakat zusammen und untersucht gemeinsam: Welche Klänge, Töne oder Geräusche sind leise? Welche sind laut? Welche überraschen uns?

   d Wähle zwei Sätze aus, die für dich selbst besonders gut zu Gott passen. Schreibe sie zu deinem eigenen Satz ins Heft.

Viele, viele Götter

1 *Östlicher Mittelmeerraum im 1. Jahrtausend v. Chr.*

Auf den nächsten Seiten unternehmen wir eine Zeitreise. Sie führt uns viele Jahrtausende zurück in eine Zeit, die wir heute Altertum oder ↗ Antike nennen. In weiten Teilen der Welt wohnten die Menschen damals in kleinen Sippen oder Gruppen. Fast all ihre Kraft verwendeten sie darauf, der Natur die Nahrung abzutrotzen, die sie zum Überleben brauchten. Gleichzeitig passierte im Osten des Mittelmeerraumes Erstaunliches: Während nur noch wenige Menschen für Nahrung sorgen mussten, ergriffen andere ganz neue Berufe (z. B.

in Handel, Verwaltung und Religion). Schritt für Schritt entstanden große Städte und Staaten. Zur mündlichen Verständigung trat immer mehr die Schrift hinzu. In drei Ländern gelangten diese Entwicklungen zur Blüte: in Mesopotamien, Ägypten und Griechenland.

Woran glaubten dort die Menschen? Überlieferte Bilder und Schriftstücke geben uns Einblicke in die Religion Mesopotamiens, Ägyptens und Griechenlands. In allen drei Ländern stoßen wir auf eine Welt vieler unterschiedlicher Götter.

1 Finde auf der Karte: das östliche Mittelmeer • die Gebiete Mesopotamien, Ägypten, Griechenland und Israel • die Flüsse Donau, Nil, Euphrat und Tigris • die Städte Babylon, Memphis, Athen und Jerusalem.

2 Das Schema stellt wichtige Informationen der Karte vereinfacht dar. Zeichne die Umrisse in deinem Heft nach. Ordne dann das östliche Mittelmeer, danach die Gebiete Ägypten, Mesopotamien, Griechenland sowie Israel jeweils einem der Rechtecke zu. Beschrifte schließlich die fünf

Rechtecke und male sie mit unterschiedlichen Farben aus.

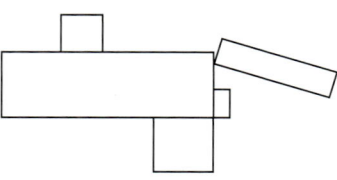

3 Der Text berichtet von gewaltigen Veränderungen, die sich vor vielen Jahrtausenden in Mesopotamien, Ägypten und Griechenland ereigneten. Formuliere für jede dieser Neuerungen ein Stichwort.

Mesopotamische Götterwelt

Mesopotamien heißt übersetzt „Land zwischen den Strömen". Es ist ein Gebiet in Vorderasien (heute die Länder Irak und Syrien), durch das die Flüsse Euphrat und Tigris fließen. Dieses Land war sehr fruchtbar; deshalb siedelten sich dort zahlreiche Menschen an. Vor mehr als fünf Jahrtausenden gründeten sie erste Städte und erfanden die Keilschrift. Manche mesopotamische Schriftstücke, Kunstwerke und Bauten sind bis heute erhalten. Was erzählen sie uns von der damaligen Religion? Für die Völker Mesopotamiens gab es eine unüberschaubare Vielzahl an göttlichen Wesen. Bis zu 2000 finden wir auf alten Listen. Manche Götter wurden nur in einer einzigen Stadt verehrt, andere im ganzen Land.

Die Götter Mesopotamiens ähneln in vielen Eigenschaften den damaligen Menschen. Es gibt männliche und weibliche Gottheiten. Viele der Götter sind miteinander verwandt; es gibt ältere und jüngere Familienmitglieder, Großeltern, Eltern und Kinder, Geschwister und Cousinen. Ein oberster Gott steht mit einigen machtvollen Göttern an der Spitze eines riesigen Hofstaates. In Abstufungen unterstehen ihm viele dienende Gottheiten. Die Menschen wenden sich bevorzugt an niedrigere Gottheiten, um Schutz und Hilfe zu erbitten. Die niedrigeren Götter können sich bei den mächtigeren Göttern und deren Oberhaupt für die Menschen einsetzen. Aus alten Erzählungen erfahren wir, wie sich die Menschen das Leben der vielen Götter vorstellten. In diesen Geschichten geht es zwischen den Göttern oft gewalttätig zu. Sie kämpfen und verbünden sich, sie töten oder befreien einander. Für die Menschen Mesopotamiens gehörte die Vielzahl der Götter ganz selbstverständlich zur Welt. Die Gunst der Götter entscheidet über das persönliche und gemeinsame Schicksal, über Leben und Tod.

2 *Mesopotamisches Rollsiegel (ca. 2000 v. Chr.)*

4 Sammelt Beobachtungen: Was ist auf dem Bild zu sehen? Welche Kleidung tragen die einzelnen Figuren? Was haben sie auf dem Kopf? Welche Körper- und Handhaltungen sind sichtbar? Wer wendet sich wem zu?

5 Entwickelt eigene Vermutungen: Welche drei Figuren könnten aufgrund äußerer Merkmale Gottheiten darstellen?

6 Wie lässt sich der Götterglaube im Alten Mesopotamien beschreiben?

a Lies den Text durch und beschreibe danach in drei kurzen Sätzen, was dir an der Götterwelt der Mesopotamier wichtig erscheint.

b Besprecht eure Vorschläge in der Lerngruppe und findet gemeinsam heraus, welche Sätze zum Bild passen.

Götter, die ordnen und bewahren

Altägyptische Götterwelt

Ägypten ist ein Land der glühenden Sonne und der kargen Wüsten. Die Lebensader des Landes ist der Nil. Nur in seinem Überschwemmungsgebiet ist Landwirtschaft möglich. Vor vielen Jahrtausenden lebten und herrschten die Pharaonen. Ramses, Tutenchamun oder die Pharaonin Kleopatra sind heute noch berühmt. Die Herrscher Ägyptens ließen prächtige Tempelanlagen, Pyramiden und Gräber errichten. In den Totenstädten finden sich neben prunkvollen Bauten auch schmucklose Gräber für Menschen und Tiere (z.B. Krokodile, Hunde). Als Schrift benutzte man in Ägypten Hieroglyphen (griech.: heilige Einritzungen). Diese bestehen aus ca. 5000 Bildzeichen und können erst seit ca. 200 Jahren übersetzt werden.

Im Alten Ägypten begegnen wir einer Fülle von Göttinnen und Göttern. Sehr beliebt waren die Schutzgöttin Isis und ihr Gemahl, der Totengott Osiris. Besonders verehrt wurden außerdem der Sonnengott Re, die Liebesgöttin Hathor und der Mondgott Thot. Jede Gottheit besaß einen Namen, der etwas über sie verriet: So kann der Name der Göttin Maat mit „Ausgewogenheit" oder „Gerechtigkeit" übersetzt werden. Die Götter wurden in Menschen-, Tier- oder Pflanzengestalt sowie als Mischwesen aus Mensch, Tier und Pflanze dargestellt. Ihre Statuen wurden in Tempeln verehrt und umsorgt. Obwohl es viele bunte Götterstatuen gab, glaubten die Menschen, dass die wahre Gestalt eines Gottes verborgen blieb. Die Ägypter waren der Ansicht, dass die Götter die Welt erschaffen haben und sich um alle Lebewesen kümmern. Sie sorgen dafür, dass die Sonne aufgeht, der Nil über die Ufer tritt, Kinder geboren werden und alle Tiere Nahrung finden. Die Menschen konnten das Wirken der Götter unterstützen, indem sie Brot, Fleisch oder Wein opferten und zu ihnen beteten.

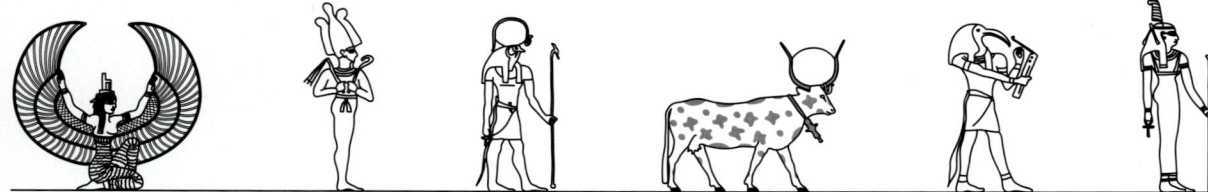

3 *Altägyptische Götter; von links nach rechts: Muttergöttin Isis, Totengott Osiris, Sonnengott Re, Liebesgöttin Hathor, Mondgott Thot, Göttin der Gerechtigkeit Maat*

1 Schreibe „Altes Ägypten" in die Mitte eines leeren Blattes, kreise die beiden Wörter ein und vermerke um den Kreis herum alles, was du bereits über das Alte Ägypten weißt. Lies dann den ersten Absatz des Textes und ergänze deine Notizen.

2 Der zweite Textabschnitt enthält viele Informationen über die ägyptischen Götter.

  a Lies den Absatz und formuliere drei Fragen, die der Text beantwortet. Arbeitet dann zu zweit: Du stellst deine Fragen einer Partnerin oder einem Partner und beantwortest danach ihre oder seine Fragen.

  b Betrachte die Abbildungen genau. Bestimme für jede Gottheit ein unverwechselbares Merkmal.

  c Was kannst du heute beim Abendessen über die Götter im Alten Ägypten berichten? Notiere fünf wichtige Informationen, die du auf diesen Seiten findest, damit dir das gelingt.

4 *Altägyptischer Papyrus (ca. 1600 bis 1100 v. Chr.)*

3 Bild 4 findet sich in Grabbauten, Tempeln oder auf Papyrusrollen. Es verrät viel darüber, was die Menschen im Alten Ägypten über ihre Götter gedacht haben. Arbeitet zu zweit und erkundet das Bild: Deckt die Zeichnung mit einem Blatt Papier ab und schiebt es dann in kleinen Schritten nach links.

 a Schildert abwechselnd, was ihr im jeweiligen Ausschnitt entdeckt. Berücksichtigt dabei auch die Details.

 b Betrachtet zum Schluss das ganze Bild und benennt Elemente, die im Bild mehrmals vorkommen.

4 Auf dem Papyrus sind diese Figuren dargestellt: Himmelsgöttin, Luftgott, Erdgott, Sonnengott, Mondgott, Göttin der Gerechtigkeit und Totengott. Außerdem finden sich zwei Zeichen mehrmals: der Lebensschlüssel und die Feder der Gerechtigkeit.

 a Versucht in der Lerngruppe, diese Figuren und Zeichen auf dem Bild zu finden.

 b Nennt jeweils einen überzeugenden Grund für eure Zuordnung.
 Tipp: Schaut noch einmal auf die Abbildungen der Seite 64.

5 Stellt auf der Grundlage des Bildes Vermutungen darüber an, was die Götter gemeinsam tun.

Götter, die helfen und schaden

Demeter auf der Suche

Als einst die Göttin Persephone Blumen pflückte, öffnete sich die Erde. Heraus stürmte Hades, der Herrscher der Unterwelt, auf seinen unsterblichen Pferden. Er packte die nach Zeus schreiende Persephone und entführte sie. Nur Hekate und Helios hörten ihre Schreie. Der mächtige Göttervater Zeus vernahm nichts; er befand sich weit entfernt in einem von Gebeten durchhallten Tempel.

Persephone schrie noch einmal. Da hörte Demeter ihre Tochter. Ein unbändiger Schmerz durchzuckte Demeters Herz. Sie zerriss ihren Haarschmuck, hüllte sich in einen dunklen Schleier und eilte über Land und See auf der Suche nach ihrer Tochter. Aber weder Menschen noch Götter konnten ihr sagen, wo Persephone war. So umschweifte Demeter mit einer Fackel, die sie am Ätna entzündet hatte, den Erdkreis. Sie aß nicht, trank nicht, badete nicht. Am zehnten Tag sagte die Göttin Hekate zu ihr: „Demeter, wer raubte deine Tochter? Ich hörte ihre Schreie, aber sah nicht, wer es war! Frage doch Helios hoch oben am Himmel, der alles sieht." Da stürmte Demeter zum Sonnengott. Helios sagte: „Erhabene Göttin, du tust mir leid. Ich sage dir, wer Schuld trägt: Es war der Wolkenversammler Zeus. Er versprach seinem Bruder Hades deine Tochter als Braut." Da setzte sich Demeter, von oben bis unten in Schwarz gehüllt, unter einen Baum und bereitete den Menschen ein schreckliches Jahr: Auf dem fruchtbarsten Boden wuchs keine Pflanze mehr. Die Menschen hungerten. Es gab keine Gaben für die Götter.

Da sandte Zeus verschiedene Götter zu Demeter. Aber keiner konnte sie umstimmen. Demeter wollte nichts wachsen lassen. Schließlich befahl Zeus dem Götterboten Hermes, Persephone aus der Unterwelt zu holen. Überglücklich fielen sich Mutter und Tochter in die Arme. Demeter fragte besorgt: „Hast du dort unten etwas gegessen? Wenn ja, musst du wieder hinab in die Schlünde der Erde." Persephone erzählte unter Tränen, dass Hades ihr die Kerne eines Granatapfels zu essen gegeben hätte.

Da entsandte Zeus seine Mutter Rhea, um Demeter heim auf den Olymp zu führen. Rhea sprach: „Zeus verspricht dir Wiedergutmachung. Er willigt ein, dass deine Tochter nur ein Drittel des Jahres im düsteren Dunkel verbringt, zwei Drittel aber bei dir und den anderen Unsterblichen. So, sagte er, soll es geschehen, und nickte dazu mit dem Kopf. Also komm, mein Kind! Sei nicht zu lange zornig auf Zeus! Lass aber sogleich wieder die Feldfrüchte für die Menschen wachsen!" Da hielt Demeter das Getreide nicht länger verborgen und ließ die Felder wieder erblühen.

---

1 Lies die obige Erzählung. Halte fest, welche Figur dich am meisten beeindruckt. Tauscht euch in der Lerngruppe darüber aus.

2 Stelle die Erzählung von Demeter und Persephone in einem Comicstrip mit drei Bildern dar. Gehe dazu folgendermaßen vor:
  a Wähle drei Szenen für deinen Comicstrip aus. Notiere in wenigen Worten, was auf den einzelnen Bildern zu sehen sein wird.
  b Zeichne die drei Bilder.

c Vergleiche deinen Comicstrip mit anderen Vorschlägen aus der Lerngruppe. Sucht nach Ähnlichkeiten und Unterschieden.

3 Lasst euch die Erzählung noch einmal vortragen. Diskutiert dann in eurer Lerngruppe, ob folgende Behauptungen zutreffen:
  • Die Götter handeln ganz anders als die Menschen.
  • Götter und Menschen sind aufeinander angewiesen.

5 *Altgriechisches Steinrelief (ca. 350 v. Chr.)*

Altgriechische Götterwelt

Griechische Sagen erzählen von einem großen Götterhimmel. Eine wichtige Rolle spielen die auf dem Olymp residierenden Gottheiten. Dazu gehören:

- Göttervater Zeus und seine Gemahlin Hera,
- der Meeresgott Poseidon,
- Demeter, die Göttin des Ackerbaus,
- Athene, die Göttin der Weisheit,
- der Kriegsgott Ares,
- die Liebesgöttin Aphrodite,
- der Götterbote Hermes,
- Apollon, der Gott der schönen Künste,
- die Jagdgöttin Artemis.

Weitere wichtige Gottheiten sind Hades und Persephone, das Herrscherpaar der Unterwelt, sowie der Weingott Dionysos und der Sonnengott Helios.

Die meisten Menschen im ↗antiken Griechenland verehrten viele Götter, manche nur eine ausgewählte Gottheit oder gar keinen Gott. Durch Gebete und Opfer, Umzüge und Tänze, aber auch durch sportliche und musikalische Wettkämpfe sollten die Götter gnädig gestimmt werden. Die Menschen beteten um den Schutz der Götter und wollten damit Schaden von sich abwenden. Die Götter wurden in Tempeln und Brunnen, Flüssen oder Bäumen verehrt. Es wurden sogar Altäre für unbekannte Götter gebaut.

---

4 Das Steinrelief zeigt drei Menschen, ein Tier sowie die Göttinnen Demeter und Persephone.

  a Beschreibt Körpergröße, Blickrichtung und Aussehen der drei Menschen und der zwei Göttinnen.

  b Sammelt Antworten auf die Fragen: Was tun hier die Menschen? Was tun die Götter?

5 Lies den Text und ordne jeder dort genannten Gottheit einen passenden Gegenstand zu: Blitz, Dreizack, Höllenhund, Eule, Fackel, Herrscherstab, Kappe mit Flügeln, Getreidehalme, goldene Locken, Lyra (Zupfinstrument), Pfeil und Bogen, Rose, Schwert, Trinkbecher. Vergleicht eure Lösungen.

6 Bei den griechischen Gottheiten ist einiges los.

  a Gehe die Doppelseite noch einmal in Ruhe durch und formuliere dann drei Quizfragen (leicht, mittel, schwer).

  b Testet euch abschließend in der Lerngruppe.

Bilder erkunden

6 *Buchillustration aus dem Psalter der Ingeborg von Dänemark (ca. 1200)*

Schritt 1: Wie ist das Bild aufgebaut?

Zuerst erkunden wir den Aufbau des ganzen Bildes. Wir entdecken, was oben und unten, was links, in der Mitte und rechts, was vorne und hinten zu sehen ist. Interessant sind auch die Formen, Flächen und Farben, die das Bild bestimmen. Hier fällt sofort auf, dass es einen Rahmen und einen goldenen Hintergrund hat. Unten sehen wir einen grauen Boden, auf dem sich Tiere tummeln. Weit oben sehen wir die Krone eines Baumes sowie ein Gesicht mit Heiligenschein. In der linken Bildhälfte erkennen wir einen Hund, einen Baum und einen älteren Mann. In der rechten Bildhälfte sehen wir einen jüngeren Mann, der aus einer Pflanze herausblickt. Den Mittelteil beherrschen diese zwei Männer. Sie blicken aufeinander zu: Treffen sich ihre Blicke?

Schritt 2: Welche Einzelheiten sind erkennbar?

Nun betrachten wir die Einzelheiten des Bildes. Wir achten auf Figuren und Gegenstände. Hinter dem älteren Mann sitzt ein brauner Hund, der in die gleiche Richtung schaut. Zwei schwarze Ziegen springen um die eigenartige Pflanze, eine knabbert sogar an einem Blatt. Zwei weitere Ziegen scheinen miteinander zu spielen, drei Schafe grasen im Vordergrund. Der sitzende Mann blickt nach oben. Dabei fasst er mit beiden Händen an seinen linken Schuh. Er hat einen weißen Bart und weiße Haare. Er trägt eine orangefarbene Hose, ein blaues Gewand, einen rotbraunen Umhang und eine eigenartige Kappe. Ist das sein Hirtenstab, der unten am Baum lehnt? Aus dem Stamm der rechten Pflanze sprießen zwei lange, geschwungene Äste mit grünen Blättern. Umgeben von beiden Ästen sehen wir den Oberkörper und das Gesicht des jüngeren Mannes. Auch er trägt ein blaues Gewand und einen rötlichen

Umhang. Seine linke Hand umgreift etwas Rotes, die rechte Hand formt ein Zeichen. Haare und Bart sind braun, ein Heiligenschein umgibt das Gesicht. Schaut man genau hin, so entdeckt man oben rechts zwischen den Blättern orangefarbene Feuerzungen. Innen im Strauch wird dieses Flackern rot. Brennt es hier wirklich? Und warum scheint der jüngere Mann davon so unberührt?

Schritt 3: Was kann das Bild bedeuten?

Jetzt suchen wir nach der Bedeutung des Bildes. Wer sind die beiden Männer? Warum fasst sich der ältere Mann an seinen Schuh? Wieso blickt uns der jüngere Mann aus einer Pflanze entgegen? Brennt der Strauch? – Das Bild selbst gibt uns keine Antworten auf diese Fragen. Wir brauchen neue Informationen. Woher kommt das Bild? Wer hat es wann gemalt? Welches Geschehen und welche Gestalten sind hier dargestellt?

Die Lösung sei kurz angedeutet: Das Bild illustriert eine Geschichte aus dem ↗ Alten Testament, die in diesem Kapitel abgedruckt ist. In der Erzählung begegnet Mose einem brennenden Dornbusch, aus dem heraus Gott ihn anspricht. Seltsamerweise trägt jene Gestalt, die im Bild aus dem Strauch schaut, viele Merkmale, die für Jesus typisch sind. Der Maler ändert die alttestamentliche Erzählung vom Dornbusch, indem er Jesus an die Stelle Gottes setzt.

7 *Buchillustration aus dem Psalter der Ingeborg von Dänemark (ca. 1200)*

1 Erkundet den Aufbau von Bild 7. Achtet darauf, was oben, unten, links, in der Mitte, rechts, vorne und hinten zu sehen ist. Welche Formen, Flächen und Farben fallen auf?

2 Beschreibt einzelne Figuren und Gegenstände, die ihr auf dem Bild seht.

3 Sammelt Informationen und überlegt gemeinsam: Welches Geschehen und welche Gestalten sind hier dargestellt?
Tipp: Es geht um eine Erzählung aus der Bibel, von der ihr einige Verse auf Seite 21 findet und die in diesem Kapitel noch einmal bildlich dargestellt wird.

Denn er gebot, und sie waren erschaffen

¹ Halleluja! Lobt den HERRN vom Himmel her, *
lobt ihn in den Höhen:
² Lobt ihn, all seine Engel, *
lobt ihn, all seine Heerscharen,
³ lobt ihn, Sonne und Mond, *
lobt ihn, all ihr leuchtenden Sterne,
⁴ lobt ihn, ihr Himmel der Himmel, *
ihr Wasser über dem Himmel!
⁵ Loben sollen sie den Namen des HERRN; *
denn er gebot und sie waren erschaffen.
⁶ Er stellte sie hin für immer und ewig, *
ein Gesetz gab er – und nie vergeht es.
⁷ Lobt den HERRN von der Erde her: *
ihr Ungeheuer des Meeres und alle Tiefen,
⁸ Feuer und Hagel, Schnee und Nebel, *
du Sturmwind, der sein Wort vollzieht,
⁹ ihr Berge und all ihr Hügel,
ihr Fruchtbäume und alle Zedern,
¹⁰ ihr Tiere alle, wilde und zahme, *
ihr Kriechtiere und ihr gefiederten Vögel,
¹¹ ihr Könige der Erde und alle Völker, *
ihr Fürsten und alle Richter der Erde,
¹² ihr jungen Männer und auch ihr jungen Frauen, *
ihr Alten mit den Jungen!
¹³ Loben sollen sie den Namen des HERRN;
denn sein Name allein ist erhaben, *
seine Hoheit strahlt über Erde und Himmel.
¹⁴ Er hat erhöht die Macht seines Volks,
zum Lob für all seine Frommen, *
für die Kinder Israels, das Volk, das ihm nahe ist. Halleluja!
(Ps 148)

1 Lest den ↗Psalm zunächst still durch. Bildet dann zwei Gruppen, um den Psalm laut vorzutragen. Die erste Gruppe spricht die Teilverse nach der Ziffer, die zweite Gruppe die Teilverse nach dem Sternchen. Tauscht anschließend die Rollen und tragt den Psalm ein zweites Mal laut vor.

2 Psalm 148 ist ein Loblied an Gott, den Schöpfer. Notiert, wer alles aufgefordert wird, Gott zu loben.

3 Die Verse 5 f. und 13 f. erläutern (jeweils nach dem Wort „denn"), warum Gott gelobt werden soll.
a Schreibe die vier Verse in dein Heft und besprecht miteinander, was hier über Gott ausgesagt wird.
b Wähle ein Geschöpf Gottes aus, das im Psalm genannt wird (z. B. Mond, Berge oder Vögel). Gestalte eine Sprechblase, in der das Geschöpf sagt, warum es Gott lobt.

8 *Schedelsche Weltchronik: Vierter Schöpfungstag (1493)*

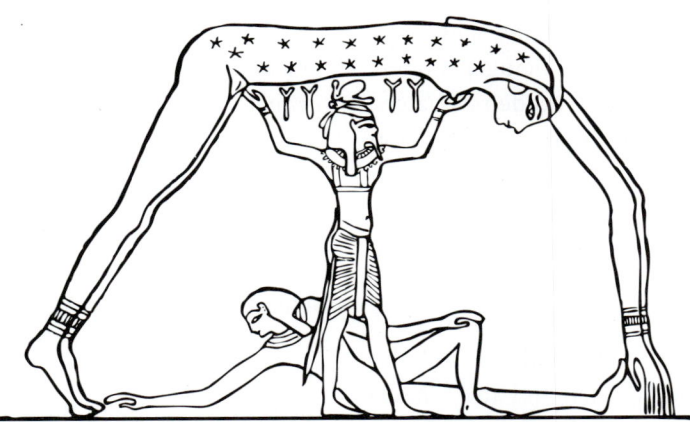

9 *Altägyptischer Papyrus (ca. 1000 v. Chr.)*

4 Wie kann man sich die Schöpfung der Welt vorstellen – und wie lässt sie sich darstellen? Die Bilder zeigen zwei Möglichkeiten. Mit dem oberen Bild zeigt ein Künstler, wie er sich die Schöpfungstat Gottes in der Bibel vorstellt.
  a Beschreibt von außen nach innen, was ihr auf dem Bild seht.
  b Sammelt Fragen zum Bild. Stellt euch die Fragen gegenseitig.

5 Das untere Bild zeigt eine Schöpfungsvorstellung aus dem Alten Ägypten. Benennt, welche Götter dargestellt sind und was sie tun.
Tipp: Seite 65 hilft euch weiter.

6 Übernehmt nun die Rolle von Bilderforschern: Findet heraus, wie sich der Schöpfergott der Bibel von den Göttern im Alten Ägypten unterscheidet. Untersucht beide Bilder und formuliert Sätze, die entweder mit „Der biblische Schöpfergott …" oder „Die Götter im Alten Ägypten …" beginnen.

Du siehst die Not deines Volkes

Die Bibel erzählt: Die Israeliten lebten in Ägypten und arbeiteten dort als Sklaven. Sie stöhnten unter ihrer harten Arbeit. Ihr Hilferuf stieg zu Gott empor. Gott hörte ihr Stöhnen und dachte an den ↗Bund, den er mit Abraham, Isaak und Jakob geschlossen hatte. Da wandte sich Gott an Mose:

¹ […] Eines Tages trieb er [= Mose] das Vieh über die Steppe hinaus und kam zum Gottesberg Horeb. ² Dort erschien ihm der Engel des HERRN in einer Feuerflamme mitten aus dem Dornbusch. Er schaute hin: Der Dornbusch brannte im Feuer, aber der Dornbusch wurde nicht verzehrt. ³ Mose sagte: Ich will dorthin gehen und mir die außergewöhnliche Erscheinung ansehen. Warum verbrennt denn der Dornbusch nicht? ⁴ Als der HERR sah, dass Mose näher kam, um sich das anzusehen, rief Gott ihm mitten aus dem Dornbusch zu: Mose, Mose! Er antwortete: Hier bin ich. ⁵ Er sagte: Komm nicht näher heran! Leg deine Schuhe ab; denn der Ort, wo du stehst, ist heiliger Boden. ⁶ Dann fuhr er fort: Ich bin der Gott deines Vaters, der Gott Abrahams, der Gott Isaaks und der Gott Jakobs. Da verhüllte Mose sein Gesicht; denn er fürchtete sich, Gott anzuschauen. ⁷ Der HERR sprach: Ich habe das Elend meines Volkes in Ägypten gesehen und ihre laute Klage über ihre Antreiber habe ich gehört. Ich kenne sein Leid. ⁸ Ich bin herabgestiegen, um es der Hand der Ägypter zu entreißen und aus jenem Land hinaufzuführen in ein schönes, weites Land, in ein Land, in dem Milch und Honig fließen, in das Gebiet der Kanaaniter, Hetiter, Amoriter, Perisiter, Hiwiter und Jebusiter. ⁹ Jetzt ist die laute Klage der Israeliten zu mir gedrungen und ich habe auch gesehen, wie die Ägypter sie unterdrücken. ¹⁰ Und jetzt geh! Ich sende dich zum Pharao. Führe mein Volk, die Israeliten, aus Ägypten heraus! ¹¹ Mose antwortete Gott: Wer bin ich, dass ich zum Pharao gehen und die Israeliten aus Ägypten herausführen könnte? ¹² Er aber sagte: Ich bin mit dir; ich habe dich gesandt und als Zeichen dafür soll dir dienen: Wenn du das Volk aus Ägypten herausgeführt hast, werdet ihr Gott an diesem Berg dienen. (Ex 3,1–12)

Die Bibel erzählt: Mose führte die Israeliten unter vielen Gefahren aus Ägypten heraus. Nachdem Gott sein Volk vor dem Pharao und dessen Heer gerettet hatte, zog es in die heiße und staubige Wüste. Dort waren die Israeliten viele Wochen unterwegs, litten Hunger und Durst. Gott aber war bei ihnen. Er vergaß sein Volk nicht. Schließlich schlugen die Israeliten ihr Lager in der Wüste Sinai auf.

² […] Dort lagerte Israel gegenüber dem Berg. ³ Mose stieg zu Gott hinauf. Da rief ihm der HERR vom Berg her zu: Das sollst du dem Haus Jakob sagen und den Israeliten verkünden: ⁴ Ihr habt gesehen, was ich den Ägyptern angetan habe, wie ich euch auf Adlerflügeln getragen und zu mir gebracht habe. ⁵ Jetzt aber, wenn ihr auf meine Stimme hört und meinen Bund haltet, werdet ihr unter allen Völkern mein besonderes Eigentum sein. […] (Ex 19,2–5)

1 Lass dir den Text vorlesen. Merke dir ein beeindruckendes Wort. Sprecht eure Wörter anschließend der Reihe nach mehrmals aus. Verändert Lautstärke und Betonung.

2 Suche in Ex 3,1–12 und Ex 19,2–5 die Sätze heraus, in denen Gott in der Ich-Form spricht.

  a Schreibe zwei dieser Sätze heraus, die aus deiner Sicht besonders gut zu Gott passen. Stellt euch die ausgewählten Sätze gegenseitig vor.

  b Im ↗Alten Testament gibt es keine Aussage, die häufiger vorkommt als „Gott hat euch aus Ägypten herausgeführt." Sammelt Ideen, warum gerade dieser Satz in der Bibel so oft wiederholt wird.

3 Spielt in kleinen Gruppen das Suchspiel „Ich sehe was, was du nicht siehst" zum Bild auf Seite 73.

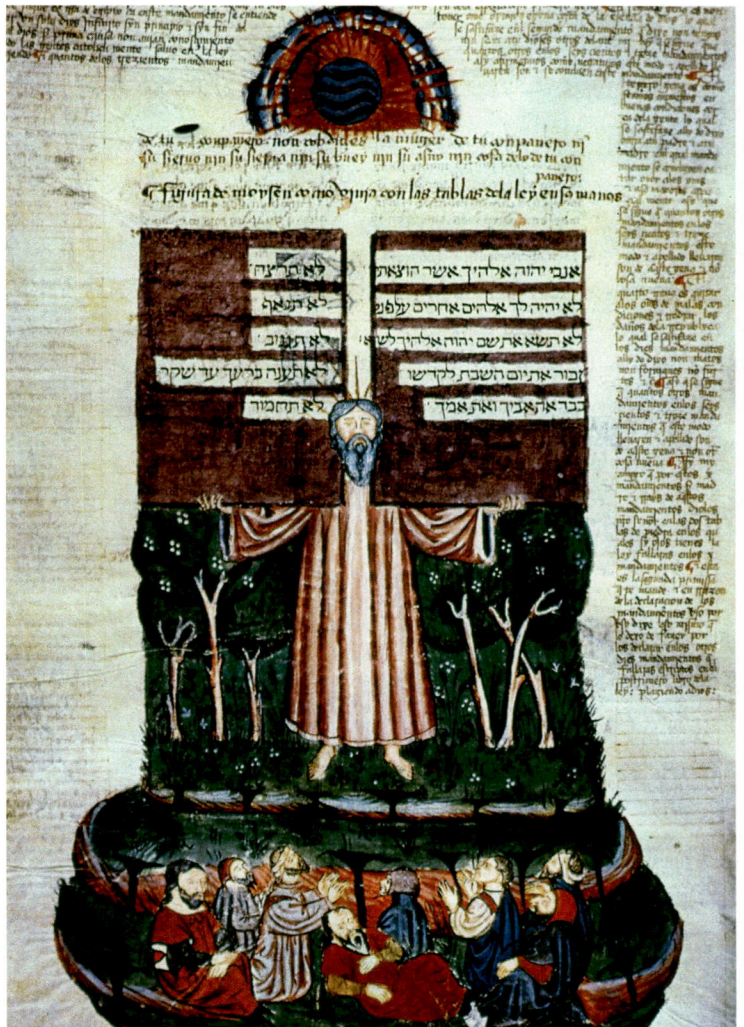

10 *Volk Israel am Gottesberg (Alba-Bibel, 1430)*

Kurzfassung einer griechischen Sage

Hades entführt Persephone in die Unterwelt. Die Göttin Demeter sucht daraufhin verzweifelt nach Persephone. Schließlich bringt sie in Erfahrung, dass Hades in Absprache mit Zeus ihre Tochter geraubt hat. Aus Trauer lässt Demeter nichts mehr wachsen. Die Menschen müssen hungern. Die Götter erhalten keine Opfer. Erst als Göttervater Zeus verspricht, dass Persephone den Großteil des Jahres bei ihrer Mutter leben darf, lässt Demeter die Feldfrüchte wieder wachsen.

4 Ex 19,2–5 hatte damit geendet, dass Gott mit Mose in Kontakt tritt. Die Fortsetzung dieser Geschichte siehst du auf dem Bild.

  a Das Bild kann in vier Stockwerke eingeteilt werden. Zeichne sie in dein Heft.

  b Ordnet zu zweit die folgenden Begriffe den passenden Stockwerken zu: Bund – Gott – Mose – Erwartung – Freiheit – Sinai – Volk Israel – Vermittler – Verpflichtung – Gottes Wort – zehn Weisungen.

5 Auf Seite 66 hast du die Sage von Demeter und Persephone kennengelernt.

  a Lies die obige Kurzfassung dieser Erzählung und finde eine einprägsame Überschrift dazu.

  b Entscheidet in Dreiergruppen, welche Aussagen zum Bild und welche zur Erzählung passen: Gott/Göttern liegt das Volk am Herzen. • Das Handeln Gottes/der Götter schadet den Menschen. • Gott gibt/Götter geben Weisungen für ein gelingendes Leben. • Die Menschen werden von Gott/durch die Götter befreit. • Die Menschen sind Gott/den Göttern ausgeliefert. • Gott schließt/die Götter schließen einen Bund mit den Menschen.

Du bist wie ein Vater

In vielen Religionen der ↗Antike wird Gott als Vater bezeichnet. Aber was meinten die Menschen damals, wenn sie von Gott als Vater sprachen? Für die Mesopotamier, Ägypter und Griechen war der Vatergott einer unter vielen Göttern. Nur der Höchste und Mächtigste in der Götterwelt galt als Vater. Die Griechen etwa verehrten Zeus als Göttervater.

Die Bibel kennt dagegen nur einen einzigen Gott. Diesen einzigen Gott bezeichnet die Bibel mit verschiedenen Namen. Einer der biblischen Namen Gottes lautet Vater. Im ↗Alten Testament ist der Vatername recht selten. Im ↗Neuen Testament kommt er viel häufiger vor. Auch Jesus selbst nannte Gott seinen und unseren Vater. Jesus betete zu diesem Vater. Jesus empfahl seinen Jüngern das Vaterunser als wichtigstes Gebet. Die folgenden Verse stammen aus der Bibel. Immer steht Gott im Mittelpunkt.

Herr, mein Vater bist du,
mein Gott, mein rettender Held.
Verlass mich nicht am Tag der Not,
am Tag der Vernichtung und Verwüstung!
(Sir 51,10)

Ein Vater der Waisen, ein Anwalt der Witwen *
ist Gott in seiner heiligen Wohnung.
(Ps 68,6)

Seid barmherzig,
wie auch euer Vater barmherzig ist!
(Lk 6,36)

Auch sollt ihr niemanden auf Erden
euren Vater nennen;
denn nur einer ist euer Vater,
der im Himmel.
(Mt 23,9)

Ich dachte, du würdest mir zurufen: Mein Vater!
und dich nicht abwenden von mir.
(Jer 3,19b)

Du, HERR, bist unser Vater,
Unser Erlöser von jeher ist dein Name.
(Jes 63,16b)

Doch nun, HERR, du bist unser Vater.
Wir sind der Ton und du bist unser Töpfer,
wir alle sind das Werk deiner Hände.
(Jes 64,7)

1 Tragt euch die Bibelverse gegenseitig vor und lest sie dann noch einmal still durch.

2 Schreibt alle Verse ab (z. B. auf ein Plakat) und notiert zu jedem einzelnen Vers:
- Stammt der Vers aus dem Alten Testament oder aus dem Neuen Testament?
- Wer spricht hier in der Bibel: ein einzelner Mensch, mehrere Gläubige, Jesus oder Gott?

3 Auf unterschiedliche Weise beschreiben alle Verse Gott als einen Vater. Ergänzt den Satz „Gott ist ein ... Vater" für jeden Vers mit einem passenden Adjektiv.

4 Nimm dir einige Minuten Zeit und entscheide dich für den Vatervers, der dich persönlich am meisten anspricht. Begründet danach in der Gruppe, welche Verse ihr euch aus welchen Gründen ausgesucht habt.

11 *Gott, der allmächtige Vater (Italien, ca. 1500–1600)*

12 *Vaterdarstellung aus den letzten Jahren*

Wie einen Mann, den seine Mutter tröstet,
so tröste ich euch;
in Jerusalem findet ihr Trost.
(Jes 66,13)

Gott ist Liebe, und wer in der Liebe bleibt,
bleibt in Gott und Gott bleibt in ihm.
(1 Joh 4,16b)

5 Oben seht ihr zwei unterschiedliche Vaterdarstellungen.
  a Beschreibt, was ihr auf beiden Bildern seht.
  b Sammelt Gründe, die eher für das linke und eher für das rechte Bild sprechen, um Gott als Vater darzustellen.
  c Diskutiert, welches Bild ihr für besser haltet, um Gott darzustellen.

6 Die Bibelverse Jes 66,13 und 1 Joh 4,16b beschreiben Gott nicht als einen Vater.
  a Lest beide Verse. Schreibt sie dann zu den anderen und untersucht sie wie in Aufgabe 2.
  b Tauscht euch in der Lerngruppe aus, ob auch ihr Gott mit einer Mutter vergleichen und als die Liebe bezeichnen würdet.

Im Namen des Vaters und des Sohnes und des Heiligen Geistes

13 *Schlagen des Kreuzes*

Was auf diesen Bildern geschieht, ist typisch für viele Christinnen und Christen. Die Frau tippt mit den Fingern nacheinander auf Stirn, Oberkörper und beide Schultern. Mit ihren Berührungen formt sie ein Kreuz – von oben nach unten den Längsbalken, von links nach rechts den Querbalken. Die Bewegung ist fließend, die Frau lässt sich ein wenig Zeit. Beim Formen des Kreuzes spricht sie für sich die Worte „Im Namen des Vaters und des Sohnes und des Heiligen Geistes". An der Stirn setzt sie ein mit „Im Namen des Vaters". In der Bewegung nach unten folgt „und des Sohnes". Quer über den Oberkörper deutend spricht sie „und des Heiligen Geistes".

Näheres zum Kreuzzeichen erfahren wir von Professor Erwin Dirscherl.

Herr Dirscherl, wann machen Sie das Kreuzzeichen?

Prof. Dirscherl: Beim Beten, beim Betreten und Verlassen einer ↗Kirche, im Gottesdienst.

Wer das Kreuzzeichen macht, der berührt sich. Hat das etwas zu bedeuten?

Prof. Dirscherl: Da geschieht eine Verkörperung des Glaubens. Wir spüren uns, wenn wir uns selbst bekreuzigen, wir spüren die Berührung durch einen anderen Menschen, der uns ein Kreuzzeichen beispielsweise auf die Stirn gibt. Und wenn wir dabei Worte sprechen, ist das auch ein körperlicher Vorgang. An Gott glauben bedeutet, seine Nähe in mir und in der Nähe anderer Menschen zur Sprache zu bringen, zu leben und zu spüren.

1 Betrachte die vier Fotos und lies den Text in der linken Spalte.

a Probiere zwei Möglichkeiten aus, das Kreuzzeichen selbst zu formen: erst still und allein für dich, dann gemeinsam in der Gruppe laut gesprochen.

b Notiere in Stichworten: Welche Gedanken habe ich, wenn ich das Kreuzzeichen forme? Welche Erinnerungen kommen mir in den Sinn?

c Besprecht eure Notizen in der Gruppe.

2 Lest den Interviewtext mit verteilten Rollen vor.

a Der dreieinige Gott ist für Professor Dirscherl ein Gott, der sich bewegt. Sucht im Interview nach Aussagen, in denen ein Ortswechsel Gottes erkennbar wird.

b Notiert jeweils, wohin Gott sich bewegt. Besprecht eure Beobachtungen in der Gruppe.

Von oben nach unten, von links nach rechts, warum diese Reihenfolge?

Prof. Dirscherl: Diese Bewegung beschreibt die Bewegung Gottes auf uns zu. Der unsichtbare Vater kommt durch sein menschgewordenes Wort hinunter auf unsere Erde, um uns und alle Geschöpfe mit seinem Atem, dem Heiligen Geist, zu beleben.

Im Namen des Vaters und des Sohnes und des Heiligen Geistes: Was sagen diese Worte über Gott?

Prof. Dirscherl: Sie bedeuten, dass Gott als Vater unser unfassbares Gegenüber bleibt, auch wenn er im Sohn in unsere Geschichte eintritt und im Heiligen Geist in uns und unserem Körper gegenwärtig ist. Wir sprechen von der ↗Dreieinigkeit Gottes, um zu betonen, dass Gott ein dynamisches Beziehungswesen ist, nichts Statisches, sondern Bewegung und Leben.

Wieso ist das Kreuzzeichen vielen Christinnen und Christen so wichtig?

Prof. Dirscherl: Es geht mit uns seit Jahrhunderten durch die Zeit. Vor allem in der Taufe spielt es schon früh eine bedeutende Rolle. Der ganze Glaube an Gott steckt in diesem kleinen Zeichen und in den Worten „Im Namen des Vaters, des Sohnes und des Heiligen Geistes".

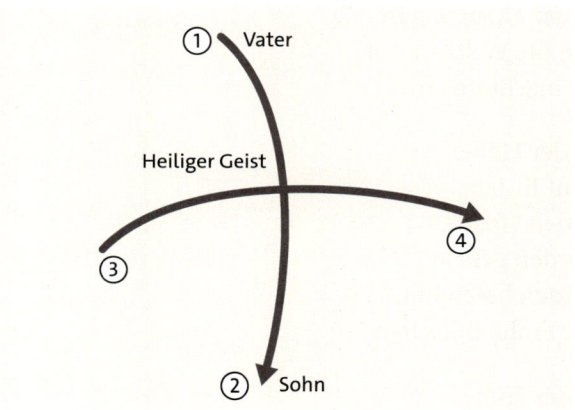

14 *Das Kreuzzeichen – genauer betrachtet*

15 *Bild einer Schülerin der fünften Klasse*

3 Die Skizze zeigt, wo beim Kreuzzeichen von Vater, Sohn und Heiligem Geist gesprochen wird.

  a Zeichne die Skizze in dein Heft.

  b Klärt gemeinsam, welche Umschreibung zum Vater, welche zum Sohn und welche zum Heiligen Geist passt: menschgewordenes Wort – unfassbares Gegenüber – Atem Gottes.

  c Ergänze die drei Umschreibungen auf deiner Heftskizze.

4 Im Kreuzzeichen steckt „der ganze Glaube an Gott". Lest Mt 28,18–20 und findet heraus, wer hier wen auffordert, im Namen des Vaters und des Sohnes und des Heiligen Geistes zu taufen.

5 Wenn heute Kinder getauft werden, bekennen Eltern und Paten stellvertretend für das Kind, was sie glauben. Ihr Credo (lat. „Ich glaube") findet ihr auf Seite 633 (Nr. 573.8) im „Gotteslob". Lest den Text vor und klärt mit eurer Lehrkraft jene Aussagen, die für euch schwer verständlich sind. Sammelt Gründe, warum hier ein christliches Bekenntnis vorliegt.

6 Mit dem rechten Bild hat eine Schülerin dargestellt, wie sie sich Gott vorstellt.

  a Erkundet gemeinsam den Aufbau und die Einzelheiten des Bildes.

  b Auf die Rückseite schrieb die Schülerin: „Der dreifaltige Gott". Diskutiert, ob dieser Titel zum Bild passt.

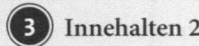

Gott ins Gebet nehmen

Mit dem „Gotteslob"

In den Hinwegen dieses Kapitels hast du Göttervorstellungen der Mesopotamier, Ägypter und Griechen kennengelernt. In den Durchgängen hast du dir
grundlegende Vorstellungen von Gott erarbeitet, die uns in Bibel und Christentum begegnen. Neben Erzählungen und Bildern sind besonders Gebete
ein wichtiger Ausdruck des Gottesglaubens. Im „Gotteslob", dem katholischen Gebet- und Gesangbuch für Deutschland und Österreich, findet sich
das folgende Gebet (Nr. 8.8):

> Ehre Gott in der Höhe.
> Ehre dem Vater, der der Ursprung ist.
> Ehre dem Sohn, der in die Welt kommt.
> Ehre dem Geist. Er macht uns frei.
>
> Ehre Gott in der Höhe
> und Friede auf Erden:
> Die Sünder finden Gnade.
> Die Kranken werden geheilt.
> Die Mächtigen werden beschämt.
> Die Armen hören die Frohe Botschaft.
>
> Ehre Gott in der Höhe,
> Frieden auf Erden
> und unter den Menschen Liebe,
> die den Tod überwindet,
> die Tränen wegwischt aus unseren Augen;
> und siehe: Sie macht alles neu!

Lies den Text sorgfältig durch und bearbeite dann die folgenden Aufgaben.

1 Die erste Strophe spricht von „Vater", „Sohn" und
„Geist". Benenne die Gottesvorstellung, die in diesen drei Worten zum Ausdruck kommt.

2 Schreibe jeweils eine Zeile aus dem Gebet heraus,
die gut zu Gott als Schöpfer, als Befreier und als
Vater passt.

3 Nenne mindestens zwei Gründe, warum hier ein
christliches Gebet vorliegt.

Mit eigenen Worten

Wie beschreiben Jugendliche Gott in ihren Gebeten? Um darüber Auskunft zu erhalten, startete
das Bistum Münster das Projekt „Wie betest du?"
Viele Jugendliche schickten Gebete, die sie allein
oder gemeinsam in der Gruppe formuliert hatten.
Zwei dieser Gebete siehst du hier:

> Gott,
> wo kann ich dich eigentlich finden?
> Kannst du mir nicht mal antworten,
> wenn ich dir eine Frage stelle?
> Oder muss ich einfach nach dir suchen?
> Aber wo dann? Bist du eigentlich
> ein Mann oder eine Frau und wie
> alt bist du? Ich werde auf deine
> Antwort warten!

(Lara)

> Gott,
> du bist wie ein Schutzengel, der über uns wacht.
> Du hilfst uns in allen Situationen,
> du hilfst uns bei allem, was wir tun.
> Gott,
> du bist wie ein bester Freund, der auf uns aufpasst.
> Mit dir kann man über alles reden,
> auch wenn wir dich nicht sehen; du bist immer da,
> du hast mir aus schwierigen Situationen geholfen.
> Gott,
> du bist wie ein Lied,
> wie ein Lied, das ich den ganzen Tag vor mich hin summe,
> wie ein Lied, das mir nicht mehr aus dem Kopf geht.
> Amen!

(Carina und Anna)

4 Lies die Gebete durch und entscheide dich, mit welchem von beiden du dich näher beschäftigen willst.

AUFGABEN ZUM GEBET VON LARA:

a Begründe kurz, warum du Laras Gebet ausgewählt hast.
b Umschreibe in zwei Aussagesätzen, wie Lara
   sich Gott vorstellt.
c Formuliere einen eigenen Gebetstext, der Fragen an Gott richtet.

AUFGABEN ZUM GEBET VON CARINA UND ANNA:

a Begründe kurz, warum du das Gebet von Carina
   und Anna ausgewählt hast.
b Beschreibe in drei Aussagesätzen, mit wem
   oder was Carina und Anna in ihrem Gebet Gott
   vergleichen.
c Formuliere einen Gebetstext mit eigenen
   Gottesvergleichen.

Wo Menschen sich auf Gott besinnen

Kreuzberg/Rhön:
Hunderte Menschen pilgern seit 1647 jeden Sommer zu Fuß von Würzburg zu diesem 90 Kilometer entfernten Berg, der daran erinnert, wie das Christentum nach Franken kam.

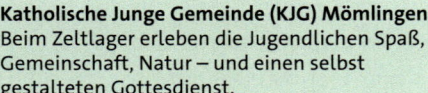

Katholische Junge Gemeinde (KJG) Mömlingen:
Beim Zeltlager erleben die Jugendlichen Spaß, Gemeinschaft, Natur – und einen selbst gestalteten Gottesdienst.

St. Klara Nürnberg:
Zum monatlichen Taizé-Gebet kommen Christinnen und Christen zusammen. Gemeinsam richten sie ihre Aufmerksamkeit auf Gott.

Wassermungenau:
Jeden Sonntag feiern evangelische Gläubige aus über zehn Dörfern ihren Gemeindegottesdienst mit Worten und Liedern.

Pfarrverband Röhrnbach:
Mädchen und Jungen erkunden in ihrer Firmgruppe, was Christsein für sie bedeutet.

Augsburg-Hochzoll:
Jeden Sonntagvormittag treffen sich die Menschen zum katholischen Pfarrgottesdienst.

München-Neuperlach:
Jeden Abend vor dem Einschlafen blickt Frau Müller auf den Tag zurück und spricht für sich ein kurzes Gebet.

Kempten:
Mindestens einmal im Monat geht Christoph am Sonntag in die Berge, um Gott in der Natur nahe zu sein.

Synagoge in Bamberg:
Jeden Freitagabend begrüßt die jüdische Gemeinde mit Gebeten, Liedern und Lesungen den Schabbat (Samstag) als Feier- und Ruhetag.

Kloster Waldsassen:
Von morgens bis abends treffen sich die Ordensschwestern sieben Mal pro Tag zum gemeinsamen Stundengebet.

Moschee Burglengenfeld:
Das Freitagsgebet ist der wöchentliche Höhepunkt im Leben der türkisch-muslimischen Gemeinde.

Universität Regensburg:
Junge Erwachsene studieren Theologie, um später das Fach Religion zu unterrichten oder in der Kirche zu arbeiten.

Autobahnkirche Adelsried:
Hier finden die Menschen Tag und Nacht einen Ort der Stille und des Gebets.

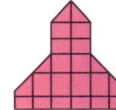

Flughafen München:
Eine Pilgergruppe fliegt nach Israel, um das Land zu erleben, von dem die Bibel erzählt und in dem Jesus lebte.

Altötting:
Im Herbst kommen Bikerinnen und Biker von nah und fern, um sich und ihre Motorräder an diesem Marienwallfahrtsort segnen zu lassen.

Annette-Kolb-Gymnasium Traunstein:
Schülerinnen und Schüler diskutieren jede Woche im Religionsunterricht über das Leben und den Glauben.

1 Bestimme auf der Karte, wo sich deine Schule befindet. Erkunde von diesem Punkt aus, was an den einzelnen Orten geschieht. Gehe dabei von den näheren zu den entfernteren Orten.

2 Sprecht über eure Entdeckungen: Welche Orte der Gottesbesinnung sind euch vertraut? Welche kennt ihr in ähnlicher Weise? Welche sind euch fremd? Welche würdet ihr gern kennenlernen?

3 Entscheidet euch in Partnerarbeit für einen bestimmten Ort im Umkreis von höchstens 100 km zu eurer Schule, den ihr auf der Karte ergänzen würdet.

4 Sammelt auf einem Plakat möglichst viele Verben, die beschreiben, in welcher Weise sich Menschen Gott zuwenden (z. B. beten, schweigen, feiern).

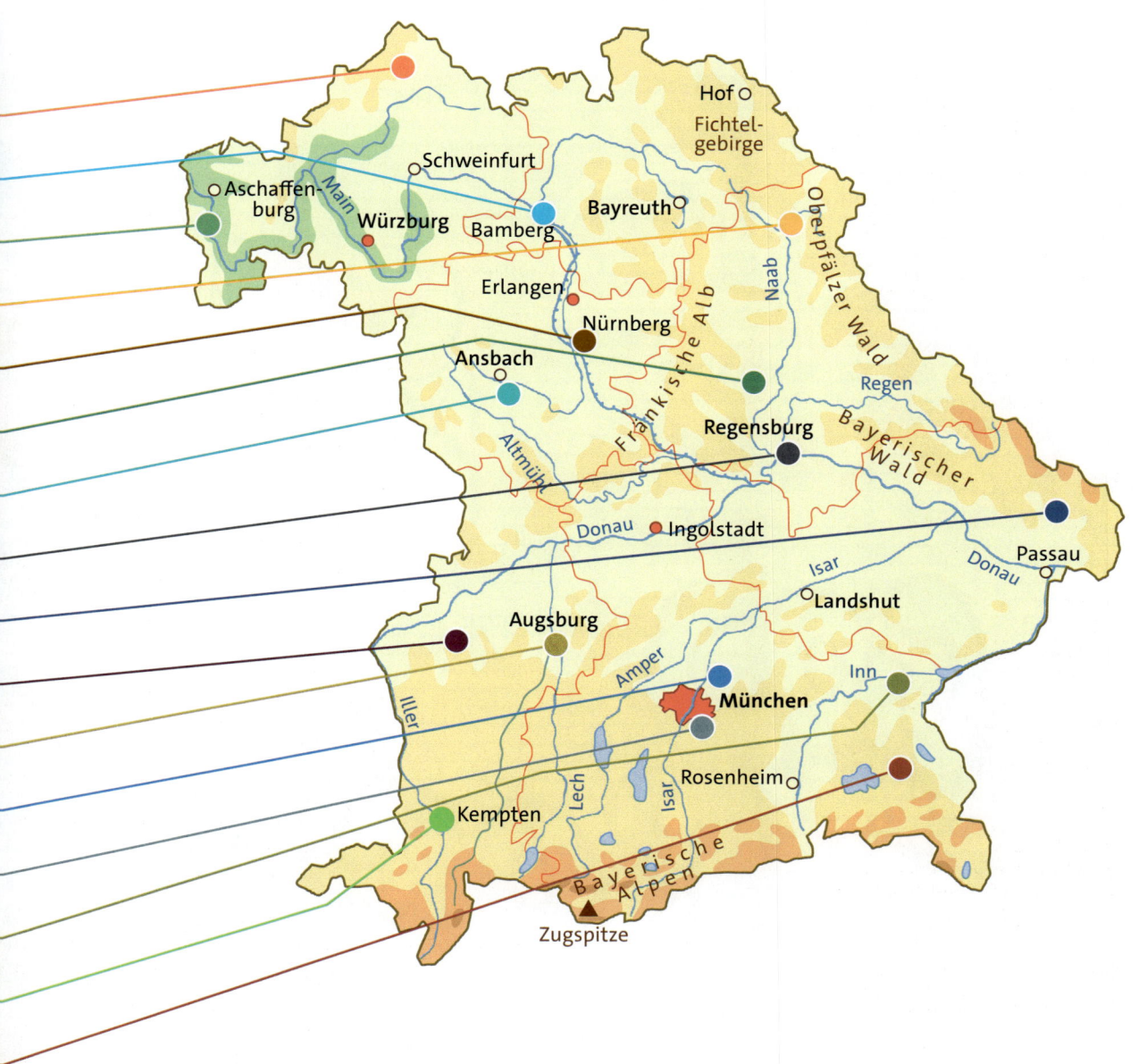

5 Beim Betrachten der Karte sagt ein Schüler: „Gott wohnt an vielen Orten." – Diskutiert in der Lerngruppe, was für und was gegen diesen Satz spricht.

6 Europaweit erfahren ↗Wallfahrten seit Jahren großen Zulauf.

   a Lies den Lexikonartikel (Seite 141) und schreibe jene Wallfahrtsorte heraus, die außerhalb Deutschlands liegen.

   b Wähle zwei dieser Orte aus und erkundige dich (z. B. im Internet), wo genau sie liegen und was an ihnen besonders ist. Wenn möglich kannst du aussagekräftige Fotos beschaffen oder jemanden befragen, der selbst schon dort war.

   c Präsentiert in der Lerngruppe, was ihr zu welchem Ort herausgefunden habt.

   d Obwohl das Wallfahren mühsam ist, sind viele Menschen dabei. Was motiviert sie? Besprecht eure Ideen.

Gott im Blick heutiger Graffitis

1 Nimm dir Zeit, die Graffitis zu betrachten: Welches findest du am interessantesten – etwa weil es dich ärgert, weil es dir besonders gefällt ...?

2 Findet heraus, wie die Graffitis über Gott in eurer Gruppe ankommen. Lest dazu jeweils einen Graffiti-Spruch vor. Alle, denen dieser Spruch gefällt, stehen auf. Alle, denen der Spruch nicht gefällt, bleiben sitzen. Besprecht anschließend, welche Zustimmungen und Ablehnungen euch überrascht haben.

3 Suche dir ein Graffiti aus und schreibe es in Großbuchstaben in dein Heft.
   a Beschreibe in drei Stichworten, wie du dir den Sprayer oder die Sprayerin dieses Graffitis vorstellst. Notiere außerdem eine Frage, die du ihm oder ihr bei einem zufälligen Treffen stellen würdest.

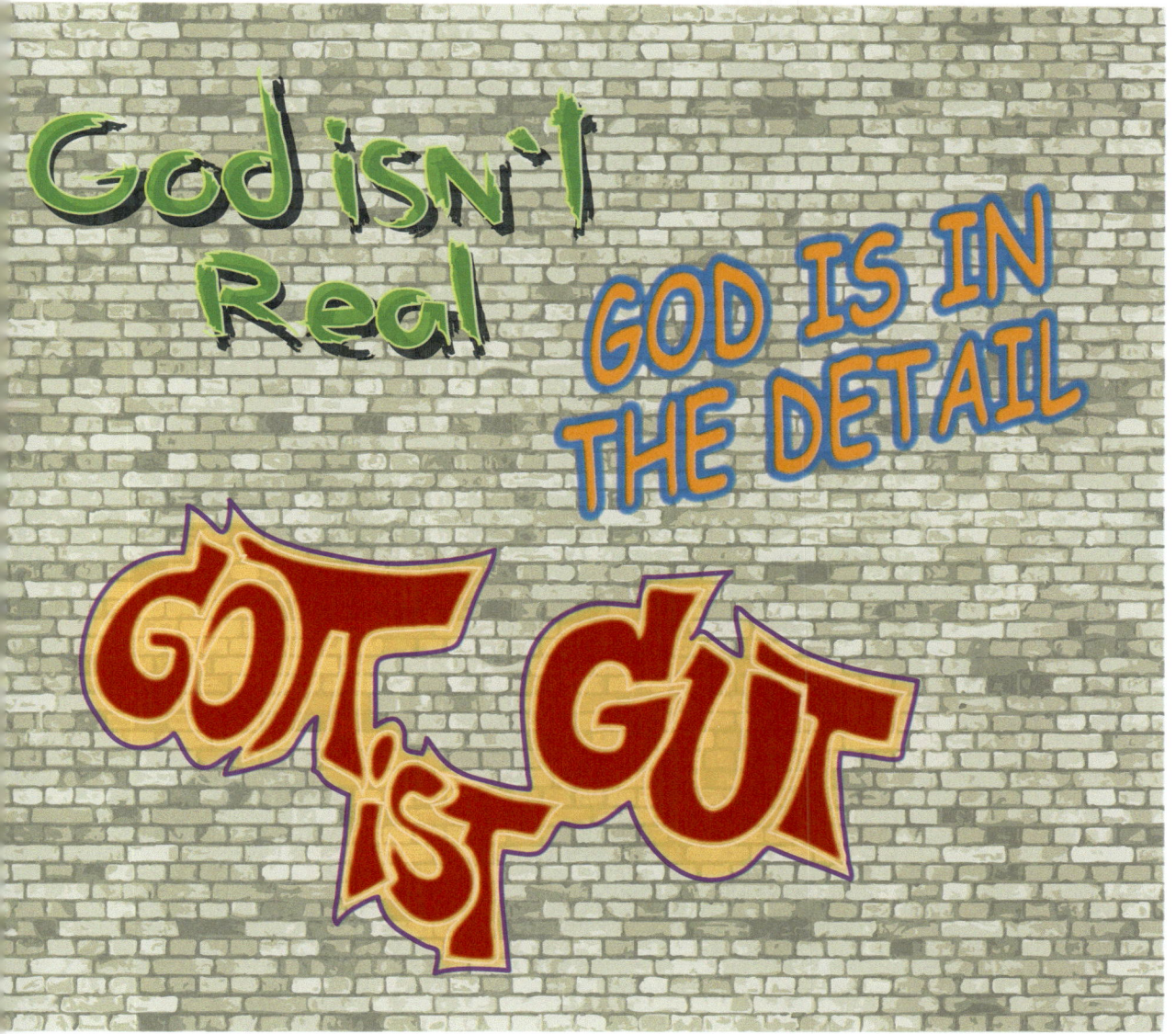

b Wer will, kann seine Frage vorlesen.

4 Gestalte dein ganz persönliches Gottes-Graffiti.
  a Überlege, welchen Inhalt dein Graffiti haben soll: ein Wort, ein Satz, eine Frage, ein Zeichen, ein Symbol?
  b Entwirf dein Graffiti auf Papier. Achte dabei besonders auf Schrift, Form und Farbe.
  c Hängt die Entwürfe eurer Graffitis im Klassenzimmer auf. Stelle bei einem gemeinsamen Rundgang dein Graffiti vor und erläutere kurz, was dir daran wichtig ist.

Wie Kathi sich Gott vorstellt

„Gott ist ganz anders als wir", sagt der Lehrer zu den Kindern. „Er ist ein Geheimnis. Wir Menschen können ihn uns nicht vorstellen."

„Ich will ihn mir aber vorstellen!", ruft Kathi.

5 Der Lehrer lacht.

„Du kannst es ja versuchen, Kathi. Nur darfst du ihm nicht vorschreiben, dass er so sein muss, wie du ihn dir vorstellst."

„Eh nicht", sagt Kathi.

10 Und Kathi denkt nach und denkt sich Bilder aus:

Hätte Gott einen Mantel, so wäre er aus Sternen und Meer gemacht und mit Vögeln bestickt. Die Vögel, die könnten singen.

Hätte Gott Füße wie wir, so würde er barfuß gehen,
15 damit er den Sand zwischen den Zehen spürt, das kühle Moos auf den Steinen im Bach, den harten Beton. Er würde alles spüren und spüren wollen.

Hätte Gott eine Stimme wie wir, er würde lachen und weinen, und Kathi könnte schon am Klang
20 seiner Stimme merken, wie er es meint.

Manchmal hätte er eine Stimme wie der Schaffner in der Straßenbahn: „Mäderl, jetzt halt dich an, jetzt kommt eine blöde Kurve!"

Manchmal hätte er eine Stimme wie Jakob, wenn
25 sie gestritten haben: „Kathi, magst mich nicht fragen, ob ich schon wieder gut bin?"

Manchmal hätte er eine Stimme wie Kathis Mutter, wenn sie am Abend die Decke um Kathi festdrückt und sagt: „Jetzt schlaf gut, du bist meine ganz liebe
30 Kathi."

Lene Mayer-Skumanz

---

1 Kathi überlegt, wie sie sich Gott vorstellen soll. Arbeitet zu dritt, um – wie Kathi – darüber nachzudenken.

a Lest euch den Text absatzweise vor.

b Welches Bild, das sich Kathi denkt, spricht dich besonders an? Schildere es in eigenen Worten und mache deutlich, was dir daran gefällt.

c Mit welchem Bild wollt ihr die Worte „Hätte Gott" fortsetzen? Sammelt zunächst verschiedene Ideen. Entscheidet euch für eine davon. Schreibt einen kurzen Text zu eurem Bild, der mit „Hätte Gott" beginnt.

2 Kommt alle im Sitzkreis zusammen und lest dort eure Texte vor. Macht nach jedem Vortrag eine kleine Pause, um über das Gehörte nachzudenken.

Wir sind alle Kinder des einen Gottes

Miteinander leben und den Glauben entdecken

Gemeinsam unterwegs zur Vielfalt

Ist es nicht abenteuerlich, dass jeder Mensch ganz anders ist? Genau das macht dieses Kapitel interessant. Wie bunt und vielfältig die Menschen sind – und wie Christinnen und Christen diese Verschiedenheit deuten, das könnt ihr nun gemeinsam entdecken und erkunden.

Die Hinwege beleuchten unsere Vielfalt: Ich bin anders als du. Alle in unserer Lerngruppe sind einmalig, von der Haarfarbe bis zum Charakter. In dieser Verschiedenheit begegnen wir einander. Wir handeln gemeinsam, auch wenn es manchmal Streit gibt.

So vielfältig die Menschen auch sind: Für Christinnen und Christen sind sie allesamt von Gott geschaffen und gewollt. Die Durchgänge ergründen, was es bedeutet, sich als Kind Gottes zu begreifen. Ganz wichtig ist dabei die Frage, wie Kinder Gottes miteinander umgehen sollten. Da können wir einiges von Jesus lernen, der alle Menschen ernst nahm, vor allem auch die Kinder. So vielfältig die Menschen sind, so verschieden sind ihre Gebete. Die Ausblicke verdeutlichen, wie unterschiedlich Menschen zu Gott beten. Ein eigenes Klassengebetbuch kann die Vielfalt in unserer Lerngruppe widerspiegeln.

1 *Fingerabdruckbild*

Meine Route durch das Kapitel

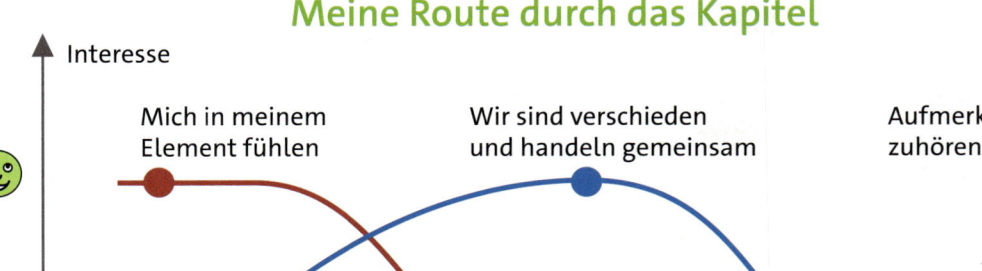

2 *Beispiele für Reiserouten durch dieses Kapitel*

1 Auf Seite 86 seht ihr ein Fingerabdruckbild.

  a Sammelt Ideen, warum viele Lerngruppen für ihre Plakate Fingerabdrücke nutzen.

  b Beschreibt, was ihr auf diesem Fingerabdruckbild entdeckt.

  c Welche Gruppe könnte sich dieses Plakat ausgedacht haben? Formuliert eigene Vermutungen.

2 Erstellt auch für eure Lerngruppe ein Fingerabdruckbild. Ihr braucht dazu ein Plakat und Farben sowie einen Malkasten oder ein Stempelkissen, um die Fingerabdrücke sichtbar zu machen.

  a Bevor ihr mit den Abdrücken loslegt, braucht ihr ein gemeinsames Bildmotiv. Sammelt Ideen, was euer Bild zeigen soll, einigt euch auf eine davon und malt euer Motiv auf das Plakat.

  b Jetzt suchen sich alle einen Platz auf dem Bild und färben ihren Daumen mit Farbe. Rollt euren Daumen langsam und fest auf dem Plakat ab, sodass sich ein gleichmäßiger Abdruck ergibt.

  c Anschließend könnt ihr das Plakat mit weiteren Ideen (Sonne, Blumen ...) ergänzen, eure Namen zu den Abdrücken schreiben oder eigene Fingerabdrucktiere erfinden.

  d Hängt schließlich das Plakat an die Wand und betrachtet es gemeinsam.

3 Zum Eingangsbild dieses Kapitels (Seite 85) meinte ein Betrachter: „Hier zeigt sich ja gar keine echte Gruppe." Blättert zurück und diskutiert, ob seine Bemerkung zutrifft.

4 Vor einer Reise müssen Vorbereitungen getroffen werden. Viele sehen sich dazu eine Landkarte oder einen Routenplaner an, damit sie wissen, wie der Weg verläuft. Plant eure Reiseroute durch dieses Kapitel.

  a Lege in deinem Heft einen „Routenplaner" an: Der waagrechte Pfeil steht für die Abfolge der Doppelseiten. Der senkrechte Pfeil stellt dar, wie du die einzelnen Themen einschätzt.

  b Jetzt kannst du deine Reise planen: Blättere die folgenden Seiten dieses Kapitels durch, lies die Überschriften und gestalte deinen eigenen Reiseplan – ähnlich wie in Abbildung 2. So entsteht eine Kurve.

  c Erläutere in der Lerngruppe, welches Thema dieses Kapitels dich besonders interessiert. Begründe deine Wahl.

Mich in meinem Element fühlen

Von Pinguinen unter Wasser ... und in der Luft

Der Arzt und Komiker Dr. Eckart von Hirschhausen hat vor einigen Jahren eine besondere Reise erlebt:

Endlich, nach drei Tagen auf See, fester norwegischer Boden. Ich ging in den Zoo. Oder besser gesagt: Ich wankte. Im Zoo sah ich einen Pinguin auf seinem Felsen stehen. Ich dachte: […] „Wo ist eigentlich deine Taille? Die Flügel zu klein. Du kannst nicht fliegen. Und vor allem: Hat der Schöpfer bei dir die Knie vergessen?" Mein Urteil stand fest: Fehlkonstruktion. Dann ging ich eine kleine Treppe hinunter und sah durch eine Glasscheibe in das Schwimmbecken der Pinguine. Und da sprang „mein" Pinguin ins Wasser, schwamm dicht vor mein Gesicht, schaute mich an, und ich spürte, jetzt hatte er Mitleid mit mir. Er war in seinem Element. Boah ey. Ohne Worte. […] Pinguine sind hervorragend geeignet, zu schwimmen, zu jagen, zu spielen – und im Wasser viel Spaß zu haben. Sie sind besser als alles, was Menschen jemals gebaut haben. Und ich dachte: Fehlkonstruktion!

1 Was ist denn da los?

  a Schau dir das obige Bild an, erfinde dazu eine kurze Geschichte und schreibe sie in vier Sätzen auf einen Zettel.

  b Tragt vor, was ihr euch ausgedacht habt.

2 Begegnung mit dem Pinguin.

  a Lest laut vor, was Eckart von Hirschhausen von seiner Reise berichtet.

  b Schreibt an die Tafel: „Ist der Pinguin eine Fehlkonstruktion?". Beschriftet jeweils ein Plakat mit „Ja", mit „Nein" und mit „Ich weiß nicht recht". Legt diese Plakate an unterschiedliche Stellen im Klassenzimmer.

  c Stelle dich nun zu dem Plakat, das deine eigene Meinung zur Frage an der Tafel ausdrückt.

  d Bleibt an euren Plätzen stehen und erläutert euch gegenseitig eure Standpunkte.

3 Der Pinguin fühlt sich im Wasser „in seinem Element" – und die Giraffe an Baumkronen.

  a Schreibe in dein Heft zwei Situationen, in denen du dich selbst in deinem Element fühlst.

  b Erzählt euch gegenseitig von den Situationen, die ihr ausgesucht habt.

Einige Schülerinnen und Schüler haben sich im Religionsunterricht kreativ mit dem Pinguinerlebnis Eckart von Hirschhausens auseinandergesetzt und diesen Comic gestaltet:

4 Erkundet zu zweit, was sich die Schülerinnen und Schüler ausgedacht haben. Teilt erst auf, wer von euch in die Rolle des Vogels und wer in die Rolle des Pinguins schlüpfen wird. Erzählt euch dann gegenseitig aus Sicht des Vogels und aus Sicht des Pinguins, was in der Bildergeschichte passiert.

5 „Du kannst nicht fliegen" sagte von Hirschhausen über den Pinguin. Erfindet miteinander unterschiedliche Überschriften für den Comic. Alle Titel sollen ausdrücken, wie der Pinguin der Bildergeschichte mit seiner Flugunfähigkeit umgeht. Notiert eure Ideen an der Tafel.

6 Wo könnte ich selbst handeln wie der Pinguin und einen Ausweg finden, wenn ich etwas nicht gut kann?
  a Denke über diese Frage nach. Vervollständige dann folgenden Satz: „Ich kann zwar nicht gut ..., aber da könnte ich doch ..."
  b Wer mag, kann seinen Satz in der Lerngruppe vorlesen. Hört dabei aufmerksam zu.

Wir sind verschieden und handeln gemeinsam

Am Karl-Rahner-Gymnasium ist es Tradition, einen sozialen Wandertag unter dem Motto „Unterwegs zu anderen" durchzuführen. Das bedeutet, dass jede Klasse statt eines Ausflugs ein Projekt startet, um anderen zu helfen: Die eine Klasse arbeitet einen Tag im Tierheim, eine andere veranstaltet einen Spendenlauf für kranke Kinder. Die Klasse 5a hat gemeinsam mit ihrem Lehrer, Herrn Müller, einen bunten Nachmittag im Seniorenheim gestaltet. Nach der Beendigung des Projekts äußern sich einige Mitwirkende dazu.

Ich fand unser Projekt im Seniorenheim super. Wir hatten ein abwechslungsreiches Programm. Das war deswegen möglich, weil jeder in der Klasse etwas anderes kann. Luise kann gut lesen; sie hat eine Geschichte vorgetragen. Michael kann gut singen; er hat mit den Senioren gesungen. Und ich kann gut organisieren und habe mit Herrn Müller das Programm entworfen.
(Moritz, 11 Jahre)

Mich hat das Projekt genervt. Vor allem hat mich gestört, dass Luise den Senioren eine Geschichte vorlesen durfte. Sie hat alles komisch betont und so laut gelesen. Ich hätte das besser gekonnt. Aber die Gruppe hat entschieden, dass Luise lesen soll. Ich mache das nächste Mal nicht mehr mit, wenn ich nicht das tun darf, was ich will.
(Mia, 10 Jahre)

Ich glaube, wir haben viel gelernt. Vor dem Projekt war alles ein wenig chaotisch. Wir sollten unsere Aufgaben selbst verteilen. Daher mussten wir sehen, wer sich wofür interessiert und was jeder von uns besonders gut kann. Schließlich sollte sich jeder in den bunten Nachmittag mit den Senioren einbringen. Und da eben nicht alle singen können oder mögen, gab es natürlich manchmal Stress. Einige waren neidisch, wenn sie nicht das machen durften, was sie wollten. Luise und Mia haben sich sogar so gestritten, dass Herr Müller schlichten musste. Wir mussten eben unsere unterschiedlichen Vorstellungen unter einen Hut bringen. Das war nicht leicht und hat unsere Klassengemeinschaft ganz schön auf die Probe gestellt. Aber wir haben es hinbekommen. Darauf bin ich echt stolz.
(Sina, 11 Jahre, Klassensprecherin der 5a)

Ich war total aufgeregt, denn ich war in der Technikgruppe, die für Licht und Mikrofon verantwortlich war. Das wollte ich zuerst gar nicht machen. Lieber hätte ich beim Programm mitgearbeitet. Aber dann habe ich gemerkt, dass mich Technik total interessiert. Und jetzt steige ich beim Technikteam der Theatergruppe ein.
(Hannes, 10 Jahre)

---

1 Lest die Kommentare zum sozialen Projekt in verteilten Rollen vor.

2 Moritz, Mia und Hannes haben das Projekt ganz unterschiedlich erlebt.
  a Bildet Dreiergruppen und teilt jeweils auf, wer die Rollen von Moritz, Mia und Hannes übernimmt.
  b Versetze dich in deine Figur: Lies dazu noch einmal ihren Kommentar.

  c Stellt euch vor: Moritz, Mia und Hannes treffen sich auf dem Weg zur Schule. Führt ein Gespräch, in dem sie sich darüber unterhalten, ob das gemeinsame Projekt gut war oder nicht.
  d Notiert eure Ergebnisse ins Heft, damit ihr sie vortragen könnt.

Herr Müller hatte zu Beginn der Planungsphase folgende Liste mit Aufgaben erstellt, die die Klasse 5a für den bunten Nachmittag im Seniorenheim erledigen sollte:

To do: Bunter Nachmittag im Seniorenheim

- Vorlesegeschichten auswählen
  » Vorleser finden
- Lieder und Musikstücke auswählen
  » Sänger finden
  » Musiker finden
- Beleuchtung und Beschallung organisieren
- Verpflegung
- Raumdekoration
- Programmablauf bestimmen
- Moderation abklären
- Programmzettel entwerfen
- Fotos vom Nachmittag für Schülerzeitung machen
- Ablauf mit Chefin des Seniorenheims absprechen

3 Die Klassensprecherin Sina sagt, dass die Klasse 5a durch das Projekt viel gelernt hat. Schreibt an die Tafel, was die Klasse bei ihrem Projekt lernen konnte.

4 Stell dir vor, dass eure Klasse das Projekt „Bunter Nachmittag im Seniorenheim" durchführt.
  a Notiere im Heft einige Fähigkeiten, die du beim Seniorennachmittag einbringen könntest.
  b Wähle aus der obigen Liste drei Aufgabenbereiche aus, die deinen Fähigkeiten entsprechen.
  c Entscheidet in der Lerngruppe, wer beim Projekt welchen Aufgabenbereich (Musik, Technik ...) übernehmen soll.
  d Nimm dir danach kurz Zeit, um über folgende Fragen nachzudenken: Bin ich mit der Einteilung zufrieden oder unzufrieden? • Wurden meine Fähigkeiten und Interessen berücksichtigt? • Lief die Einteilung fair ab?
  e Schildere den anderen deine Meinung.

Aufmerksam zuhören

Viele Probleme und Streitigkeiten ergeben sich, weil einer der Gesprächspartner nicht aufmerksam zuhört. Wenn das passiert, fühlt sich der andere unwohl und nicht ernst genommen. Aufmerksames Zuhören ist eine Fähigkeit, die wir alle beherrschen sollten. Das kann man trainieren. Dabei macht Übung den Meister.

Auf dieser Doppelseite kannst du das aktive Zuhören neu entdecken und üben. Gutes Zuhören bedeutet mehr, als einfach nur „Ja und Amen" zu sagen. Das Beste dabei ist: Ihr könnt es euch selbst beibringen. Lest die folgenden Informationen und wechselt anschließend ins Trainingslager.

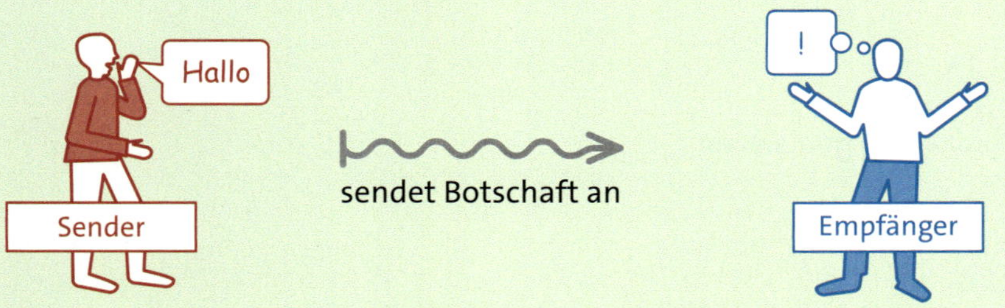

Grundsätzlich ist jede Situation, in der man zuhört, gleich: Es gibt einen Sender, der spricht und eine Nachricht an den Empfänger sendet.

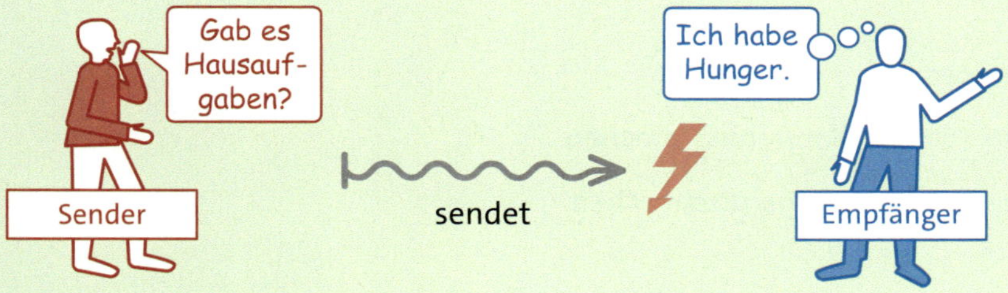

Um aktiv zuhören zu können, muss man sich auf den Sender konzentrieren – sonst kommt die Botschaft beim Empfänger nicht an.

Der Empfänger muss dem Sender zeigen, dass er zuhört. Körperhaltung und Gesichtsausdruck müssen das erkennen lassen.

Diese Grundinformationen gelten für alle Situationen in der Schule: im Unterricht, während eines Referats oder bei der Präsentation von Ergebnissen einer Gruppenarbeit.

Erste Übung: Informationen direkt wiedergeben

Bildet Viereргruppen und teilt jedem Gruppenmitglied eines der vier Bilder auf der linken Seite zu. Stellt dann reihum den Inhalt eures Bildes in der Gruppe vor. Während dieser Vorstellungsrunde haben alle anderen die Aufgabe, aufmerksam zuzuhören. Jeder Zuhörer notiert sich dabei eine Rückfrage, die anschließend gestellt wird.

Zweite Übung: sich am Sprecher orientieren

Bevor diese Übung starten kann, müssen Vorbereitungen getroffen werden. **a** Notiere drei Stichworte zur Frage: Was erwarte ich vom Religionsunterricht? Lies im Anschluss die nebenstehende Grafik.

Nun beginnt die eigentliche Übung in Partnerarbeit: **b** Einer oder eine von euch beginnt. Stelle deine erste Erwartung knapp vor. Dein Gegenüber hört genau zu und gibt das Gesagte in eigenen Worten wieder (Technik 1). Stelle dann deine zweite Erwartung vor. Dein Gegenüber hört wieder aufmerksam zu und fasst das Gesagte zusammen (Technik 2). Nach Vorstellen der dritten Erwartung stellt dein Gegenüber eine Verständnisfrage (Technik 3). **c** Tauscht nun eure Rollen und wiederholt die drei Schritte. **d** Am Ende dieser Übung berät sich die Lerngruppe, welche der drei Techniken am besten funktioniert hat.

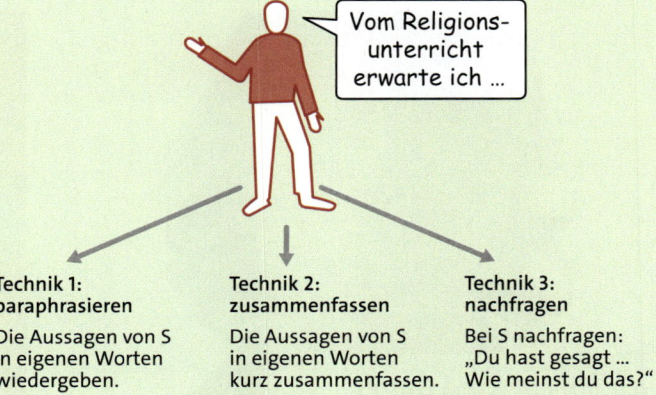

Vom Religionsunterricht erwarte ich …

Technik 1:
paraphrasieren
Die Aussagen von S in eigenen Worten wiedergeben.

Technik 2:
zusammenfassen
Die Aussagen von S in eigenen Worten kurz zusammenfassen.

Technik 3:
nachfragen
Bei S nachfragen: „Du hast gesagt … Wie meinst du das?"

Dritte Übung: Gesichtsausdruck und Körperhaltung

gutes Zuhören	schlechtes Zuhören
• Blickkontakt	• kein Blickkontakt
• nicken	• unterbrechen
• entspannte Körperhaltung	• sich abwenden
• lächeln	• böse blicken

Es ist nicht einfach, vor einer Gruppe zu sprechen, vor allem dann, wenn die Zuhörenden kein Interesse zeigen. Körperhaltung und Gesichtsausdruck sind dabei wichtig. Die Tabelle zeigt euch einige Beispiele für gutes und schlechtes Zuhören. Lest zunächst die Tabelle durch. Nun starten wir ein Experiment: Ein Schüler oder eine Schülerin stellt der Gruppe in zwei Anläufen vor, was er oder sie vom Religionsunterricht erwartet. Beim ersten Mal folgt die Gruppe den Angaben für schlechtes Zuhören. Beim zweiten Mal wendet sie die Hinweise für gutes Zuhören an. Fragt nach dem Experiment, wie sich der Sprecher oder die Sprecherin in den beiden Situationen gefühlt hat.

Gottes Kinder auf der Erde

Anlässlich des sozialen Wandertages hat die Klasse 8a des Karl-Rahner-Gymnasiums in Zusammenarbeit mit der Schülerzeitung eine Fotoaktion durchgeführt. Das Thema lautete: „Kunterbunt – wir sind alle Kinder des einen Gottes". Dazu haben die Schülerinnen und Schüler ganz unterschiedliche Menschen gebeten, sich von ihnen fotografieren zu lassen. Die Bilder wurden anschließend mit der Aufschrift „Ich bin ein Kind Gottes" versehen, in der Schülerzeitung veröffentlicht und auf großen Plakaten in der Schule aufgehängt.

Ich bin ein Kind Gottes.

A

Ich bin ein Kind Gottes.

B

Ich bin ein Kind Gottes.

D

Ich bin ein Kind Gottes.

E

1 Hier siehst du sechs Personen.
  a Versetze dich in eine Person deiner Wahl und schreibe zu ihr einen Steckbrief in dein Heft. Ergänze dazu die folgenden Sätze: Ich heiße … und bin … Jahre alt. – Ich habe an der Aktion teilgenommen, weil … – Ich fühle mich als Kind Gottes, weil …
  b Stellt euch eure Steckbriefe gegenseitig vor.

2 Einige Aussagen von Schülerinnen und Schülern der Klasse 5a über die Fotoausstellung siehst du auf der Seite 95.
  a Lies die Texte in den Sprechblasen still für dich durch.
  b Was würdest du Hannes, Sophie und Philip antworten? Formuliert die Antworten und besprecht jeweils, was ihr denkt.

Im Rahmen des Religionsunterrichts geht die Klasse 5a durch das Schulhaus, um die Ergebnisse der Fotoaktion anzuschauen. Die großen Bilder selbst finden die Schülerinnen und Schüler wirklich beeindruckend. Zur Beschriftung aber haben sie manche Fragen.

Hier sind doch nicht nur Kinder fotografiert, sondern auch Erwachsene. Sind die nicht viel zu alt, um Kinder Gottes zu sein?
(Sophie)

Ich bin ein Kind Gottes.

C

Wir sind doch die Kinder unserer Eltern. Das weiß doch jeder. Wie soll man da ein Kind Gottes sein?
(Hannes)

Ich bin ein Kind Gottes.

F

Überall haben die Achtklässler diese Fotos aufgehängt, auf denen steht: Ich bin ein Kind Gottes. Was wollen die denn damit erreichen?
(Philip)

---

c Welche Fragen fallen euch noch zur Ausstellung ein? Schreibt sie an die Tafel und sucht nach möglichen Antworten.

3 Wenn alle Menschen Kinder Gottes sind, dann ...
  a Nimm dir ein wenig Zeit und spiele in Gedanken verschiedene Fortsetzungen des Dann-Satzes durch.

b Wähle eine Fortsetzung des Dann-Satzes aus, die du den anderen gern mitteilen möchtest. Nennt eure Sätze nun reihum. Dabei wird keine Aussage besprochen oder bewertet.
c Wenn alle Menschen Kinder Gottes sind, dann ist jeder Mensch einzigartig. Wie siehst du das? Vertritt deinen Standpunkt in der Lerngruppe.

Unser Vater im Himmel

Es gibt so viele Menschen auf dieser Welt, die gern Kinder Gottes sind und sich dabei gut fühlen. Mehr als zwei Milliarden Menschen sind Christinnen und Christen. Wie verschieden sie auch sein mögen – ob ↗evangelisch, ↗katholisch oder ↗orthodox, ob groß, klein, jung oder alt –, alle beten das Vaterunser. Ob in Rio de Janeiro oder in München, ob in Asien, Afrika oder Australien, egal in welcher der rund 6500 Sprachen dieser Welt – das Vaterunser verbindet die gesamte Christenheit miteinander. Alle reden Gott als ihren Vater an. Schon Jesus hat das so gemacht. Für ihn war das Vaterunser das wichtigste Gebet. „So sollt ihr beten", sagt Jesus in Mt 6,9 und spricht dann folgende Sätze:

3 *Andreas Felger: Vater Unser (2004)*

9b Unser Vater im Himmel,
geheiligt werde dein Name,
10 dein Reich komme,
dein Wille geschehe wie im Himmel,
so auf der Erde.
11 Gib uns heute das Brot, das wir brauchen!
12 Und erlass uns unsere Schulden,
wie auch wir sie unseren Schuldnern
erlassen haben!
13 Und führe uns nicht in Versuchung,
sondern rette uns vor dem Bösen!
(Mt 6,9b–13)

1 Lies den Text zur Verbreitung des Vaterunser. Wer von euch hat das Gebet in einer anderen Sprache als der deutschen auswendig gelernt? Wer will, kann es in dieser Sprache vortragen.

2 Zu den ersten zwei Worten des Vaterunser hat der Künstler Andreas Felger ein Bild gemalt.
a Beschreibt die Formen und Farben, die ihr seht.
b Passt das Bild zu den Worten „Vater unser"? Besprecht eure Meinungen.

3 Der Wortlaut des Vaterunser bei Matthäus ist etwas anders, als ihr es gewohnt seid.
a Sprecht den Text zunächst laut gemeinsam und macht dabei nach jeder Zeile eine kurze Pause.
b Schreibe Mt 6,9b–13 in dein Heft.

4 Im biblischen Vaterunser gibt es einiges zu entdecken.
a Für wen hat Jesus das Gebet wohl eigentlich gedacht: für einzelne Betende oder für eine betende Gemeinschaft? Untersucht den Wortlaut nach Hinweisen, um diese Frage gemeinsam zu beantworten.
b Drei Teile lassen sich im Gebet unterscheiden: vier Bitten – eine feierliche Anrede – drei Gebetswünsche. Besprecht, in welcher Reihenfolge diese Teile vorkommen und welche Zeilen jeweils dazugehören. Wenn ihr euch einig seid, dann unterstreicht im Heft jeden Teil mit einer anderen Farbe.
c Vers 12 spricht von „Schulden" und „Schuldnern". Diskutiert, was damit gemeint sein kann.

A

B

C

D

Herr, mein Vater bist du, mein Gott, mein rettender Held.
Verlass mich nicht am Tag der Not!
(Sir 51,10a–b)

5 Sir 51,10 ist über 2000 Jahre alt – und könnte doch auch heute gebetet werden.

  a Betrachte die Fotos. Notiere zu jedem eine passende Überschrift in dein Heft.

  b Entscheide dich, welche der vier abgebildeten Personen Sir 51,10 am ehesten sprechen könnte.

  c Wähle eines der vier Bilder aus und schreibe selbst einen Satz dazu, der sich – wie Sir 51,10 – an Gott Vater richtet.

  d Lest, beginnend mit Bild A, eure Sätze vor.

6 Das Vaterunser kann verwundern, verbinden und trösten.

  a Stimmt diese Behauptung? Lies Mt 6,9b–13 noch einmal durch und überlege für dich selbst, ob du der Aussage zum Vaterunser ganz oder teilweise zustimmst.

  b Klärt im Gespräch, was euch am Vaterunser verwundert und wo Menschen dieses Gebet als verbindend oder tröstend erleben können.

Jesus – ein besonderes Kind Gottes

4 *Emil Nolde: Christus und die Kinder (1910)*

1 Erkunde das Bild.
  a Nimm dir Zeit, um es genau zu betrachten.
  b Arbeitet zu zweit: Beschreibt euch gegenseitig das Bild – der eine die rechte, der andere die linke Bildseite.
  c Man kann das Bild auch dreigeteilt sehen. Übertrage die Tabelle in dein Heft und ergänze die fehlenden Informationen.

2 Lasst die Personen aus dem Bild lebendig werden.
  a Wähle eine Figur aus und notiere in drei Sätzen, was sie wohl gerade denkt. Achte dabei auf den Gesichtsausdruck und die Haltung der Figur.
  b Präsentiert nacheinander eure Sätze in der Lerngruppe. Beginnt mit den Gedanken der Figuren auf der linken Bildseite.

	linke Seite	Mitte	rechte Seite
abgebildete Figuren	fünf Männer	eine Person	
Gesichtsausdruck der Figuren		nicht erkennbar	
Haltung der Figuren			
Farbgebung	eher dunkel		

Der Künstler Emil Nolde hat sich beim Malen seines Bildes von der folgenden Erzählung aus dem Markusevangelium anregen lassen:

¹³ Da brachte man Kinder zu ihm, damit er sie berühre. Die Jünger aber wiesen die Leute zurecht. ¹⁴ Als Jesus das sah, wurde er unwillig und sagte zu ihnen: Lasst die Kinder zu mir kommen; hindert sie nicht daran! Denn solchen wie ihnen gehört das Reich Gottes. ¹⁵ Amen, ich sage euch: Wer das Reich Gottes nicht so annimmt wie ein Kind, der wird nicht hineinkommen. ¹⁶ Und er nahm die Kinder in seine Arme; dann legte er ihnen die Hände auf und segnete sie. (Mk 10,13–16)

*Echt **unfair** war Jesus uns gegenüber! (Jünger)*

*Und ich dachte, Jesus ist ein **frommer** Mann! Da habe ich mich gewaltig getäuscht! (Beobachter)*

*So **sympathisch** und offen, dieser Jesus! (Mutter eines Kindes)*

*Jesus hat es sogar auf einen Streit ankommen lassen, nur um uns Kindern die Hand auflegen zu können. So **mutig** würde ich auch gern sein. (Kind)*

*So **wütend** habe ich Jesus noch nicht erlebt. (Jünger)*

3 Lest Mk 10,13–16 zweimal laut vor und wechselt dabei von Vers zu Vers den Sprecher.

4 In Mk 10,13–16 wird in wenigen Sätzen ein spannendes Geschehen dargestellt: Frauen und Kinder sind auf dem Weg zu Jesus. – Die Jünger wehren die Frauen und Kinder ab. – Jesus ermahnt die Jünger, die Kinder zu ihm kommen zu lassen. – Jesus segnet die Kinder.

  a Bildet für jede der vier Situationen eine oder zwei Gruppen.

  b Entwerft in eurer Gruppe ein Standbild, das die jeweilige Situation anschaulich werden lässt.

  c Präsentiert eure Standbilder. Sammelt dabei die Wahrnehmungen und Eindrücke des Publikums.

5 Nach der Segnung der Kinder durch Jesus sind unterschiedliche Meinungen zu seinem Verhalten zu hören.

  a Lest die Sprechblasen laut vor.

  b Diskutiert die fünf Äußerungen: Welche der farbigen Adjektive passen eurer Meinung nach zum Verhalten Jesu – und welche nicht?

  c Manche Leute sagen, dass Jesus in MK 10,13–16 vorbildlich handelt. Vertritt deine Meinung in der Gruppe.

Respektvoll miteinander umgehen

„Alle Menschen sind Kinder Gottes, und dies prägt einen jeden von uns. Diesen ‚Personalausweis' kann uns auch niemand rauben." Das betonte Papst Franziskus nach einer Meldung von Radio Vatikan in einer Predigt. Wenn aber alle Menschen Kinder Gottes sind, wie sollten sie dann miteinander umgehen?

1 Menschen dieser Welt:
   a Stellt die verschiedenen Figuren auf der Weltkugel vor und beginnt jeweils mit: Ich sehe …
   b Forme die Haltung der großen Hand nach. Sammelt Ideen, was sie bedeuten kann.
   c Betrachte eine Minute lang das Bild. Stell dir dann eine weitere Minute lang vor, die Hand wäre verschwunden. Gefällt dir die Weltkugel mit oder ohne Hand besser? Schreibe deine Entscheidung ins Heft und ergänze eine Begründung für deine Meinung.
   d Besprecht in der Lerngruppe die Gedanken, die ihr aufgeschrieben habt.

2 Drei Personenpaare werden auf Seite 101 vorgestellt.
   a Arbeitet zu zweit: Lest Text für Text und sammelt in Stichworten eure Antwortvorschläge.
   b Besprecht in der Lerngruppe, worauf die abgebildeten Personen achten sollten, um einander gerecht zu werden.

3 Bildet Gruppen und sucht euch jeweils eines der Personenpaare aus.
   a Überlegt euch eine konkrete Situation, in der Andrea die Hilfe von Paul, Tim die Hilfe von Herrn Rühmdorf oder Susanne die Hilfe von Tim benötigt.

Andrea und der querschnittsgelähmte Paul kennen sich schon lange. Im Sommer werden sie gemeinsam zum Zelten nach Italien fahren. – Worauf sollte Andrea achten, um Paul gerecht zu werden? Worauf sollte Paul achten, um Andrea gerecht zu werden?

Tim und der alte Herr Rühmdorf sind Nachbarn. Sie begegnen sich fast jeden Tag auf der Straße. – Worauf sollte Tim achten, um Herrn Rühmdorf gerecht zu werden? Worauf sollte Herr Rühmdorf achten, um Tim gerecht zu werden?

Susanne und Tim sind in derselben Klasse. Susanne ist die Klassenbeste, Tim dagegen tut sich mit dem Lernen sehr schwer. – Worauf sollte Susanne achten, um Tim gerecht zu werden? Worauf sollte Tim achten, um Susanne gerecht zu werden?

b Bereitet einen kurzen Dialog zwischen beiden vor, der diese Situation darstellt. Klärt dazu, wo beide sich begegnen, was sie ungefähr sagen sollen und wer ihre Rollen übernimmt.

c Spielt eure Dialoge vor der Lerngruppe. Nehmt euch nach jedem Dialog ein wenig Zeit und besprecht, was euch überrascht hat.

Was ist denn da los?

Aus Groß wird Klein

In den Hinwegen dieses Kapitels hast du darüber nachgedacht, welche Fähigkeiten du hast und wie du deine Talente in eure Lerngruppe einbringen kannst.

Was bedeutet es, sich als Kind Gottes zu sehen? In den Durchgängen hast du dich mit dieser Frage aus unterschiedlichen Blickwinkeln beschäftigt. Dabei hast du auch erfahren, wie Kinder Gottes beten und wie sie miteinander umgehen sollen.

Täglich stehst du selbst vor der Aufgabe, mit vielen Menschen in unterschiedlichen Situationen zurechtzukommen. Eine solche Situation findest du hier:

1 Sieh dir die Zeichnung genau an und beschreibe dann die abgebildete Situation in drei Sätzen.

2 Versetze dich in die Lage des Lehrers: Was geht ihm wohl in dieser Situation durch den Kopf? Notiere zwei seiner Gedanken.

3 Wie würdest du dich als Schülerin oder Schüler in dieser Situation verhalten? Überlege dir eine Handlungsmöglichkeit und schreibe auf, warum du das tun würdest. Beginne deine Schilderung mit den Worten: Ich würde …

Aus Klein wird Groß

Die Evangelien erzählen davon, wie Jesus mit schwierigen Situationen umgegangen ist – etwa in der folgenden Geschichte: Jesus war mit seinen Jüngern in Galiläa unterwegs, um den Menschen die Botschaft Gottes zu verkünden. Während er umherzog, verbrachte Jesus viel Zeit mit seinen Jüngerinnen und Jüngern. Er unterrichtete sie. Als sie schließlich wieder zu Hause ankamen, fragte Jesus:

³³ […] Worüber habt ihr auf dem Weg gesprochen? ³⁴ Sie schwiegen, denn sie hatten auf dem Weg miteinander darüber gesprochen, wer [von ihnen] der Größte sei. ³⁵ Da setzte er sich, rief die Zwölf und sagte zu ihnen: Wer der Erste sein will, soll der Letzte von allen und der Diener aller sein. ³⁶ Und er stellte ein Kind in ihre Mitte, nahm es in seine Arme und sagte zu ihnen: ³⁷ Wer ein solches Kind in meinem Namen aufnimmt, der nimmt mich auf; und wer mich aufnimmt, der nimmt nicht nur mich auf, sondern den, der mich gesandt hat. (Mk 9,33–37)

Lehrerin Kind
Bäuerin
Magd Verlierer
Gewinner Chef Arbeiterin
Schüler Bettler Erwachsener
Reicher

---

4 Lies den Bibeltext aufmerksam durch.
  a Beschreibe in zwei Sätzen die schwierige Situation, vor der Jesus steht.
  b Gib in eigenen Worten wieder, was Jesus in dieser Situation sagt und macht.

5 Wer der Erste sein will, soll der Letzte von allen und der Diener aller sein. (Mk 9,35) – Dieser Ausspruch Jesu hat es in sich. Darüber sollst du nun genauer nachdenken.

  a Betrachte die Wortwolke. Welche zwei Wörter bilden jeweils einen Gegensatz? Schreibe die Gegensatzpaare in dein Heft. Beispiel: Erster – Letzter
  b Wähle zwei Gegensatzpaare aus. Schreibe zu jedem einen eigenen Satz, der dem Ausspruch Jesu ähnlich ist.
  c Ein Jünger versteht nicht, was Jesus mit seinem Ausspruch meint. Formuliere eine Erklärung in drei Sätzen.

Mit Händen und Füßen beten

Es gibt viele Gesichtsausdrücke und Körperhaltungen. Die Menschen geben – oft ohne es selbst zu merken – nach außen zu erkennen, wie sie sich gerade fühlen.

Andere können wahrnehmen, was in dir vorgeht. Deine Gefühle sind an deinem Körper ablesbar – deshalb spricht man auch von „Körpersprache".

A

B

C

D

1 Versetze dich in die abgebildeten Personen. Formuliere jeweils in der Ich-Form in dein Heft, wie sie sich fühlen.

2 Gefühlsarchitekt sein – Standbilder bauen:
   a Bildet Vierergruppen und wählt für eure Gruppe eines der folgenden Gefühle aus, das ihr gemeinsam im Standbild ausdrücken wollt: Wut, Trauer, Freude, Überraschung, Ekel, Angst.

b Probiert aus, wie ihr dieses Gefühl darstellen wollt: Welche Körperhaltungen, welche Gesichtsausdrücke sind angemessen?

c Jede Gruppe stellt ihr Standbild vor. Die Zuschauer sollen das dargestellte Gefühl erraten.

Wenn Menschen ihre Gotteskindschaft zum Ausdruck bringen und beten, dann nehmen sie – automatisch oder ganz bewusst – unterschiedliche Gebetshaltungen ein. Manche dieser Gebetshaltungen sind fest geprägt; andere wiederum nehmen Menschen ganz spontan ein, wenn sie sich persönlich an Gott wenden. Die folgende Grafik zeigt einen Ausschnitt aus der Vielfalt der Gebetshaltungen.

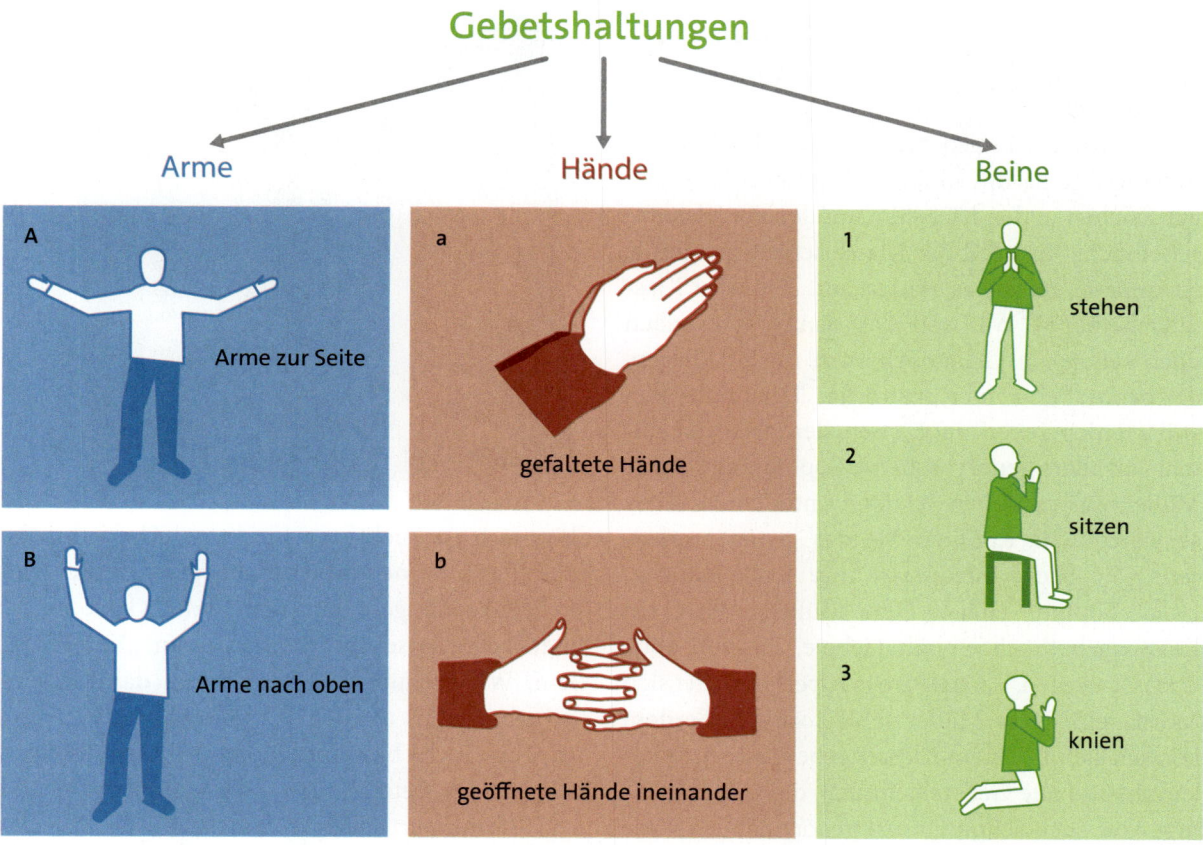

Gebetshaltungen

Arme	Hände	Beine

A Arme zur Seite

B Arme nach oben

a gefaltete Hände

b geöffnete Hände ineinander

1 stehen

2 sitzen

3 knien

3 Arbeitet zu zweit: Erschließt mithilfe der Grafik, was unterschiedliche Gebetshaltungen zum Ausdruck bringen.

  a Ordnet jeder der folgenden Stimmungen oder Handlungen eine passende Gebetshaltung zu. Dabei sind unterschiedliche Lösungen denkbar: aufmerksam sein – sich sammeln – bitten – verehren – geborgen sein – ehrfürchtig sein – in sich versunken sein – respektvoll sein – sich von Gott bewegen lassen – anbeten – sich zu Gott bekennen.

  b Vergleicht anschließend eure Zuordnungen in der Lerngruppe.

4 Situationen, in denen Menschen zu Gott beten, können sehr vielfältig sein.

  a Entwirf für eine der folgenden Situationen eine Gebetshaltung. Dabei kannst du die Informationen oben nutzen oder eigene Ideen entwickeln: Gott wird am Abend für den vergangenen Tag gedankt. – Gott wird angeklagt, weil ein schreckliches Unglück geschehen ist. – Gott wird für die Schönheit der Natur gelobt.

  b Zeichne die Gebetshaltung, die du dir ausgedacht hast, in dein Heft und ergänze darunter den dazugehörigen Satz.

  c Stellt eure Zeichnungen in der Lerngruppe vor.

Beten, bitten, fragen, klagen

Als Herr Müller, der Religionslehrer der Klasse 5a, alte Unterlagen sortiert, stößt er auf ein kleines Büchlein, das er schon fast vergessen hatte. „Klassengebetbuch der Klasse 5a im Schuljahr 2001/2002" steht auf dem Umschlag. Dieses Buch hat er vor Jahren mit seiner damaligen Klasse erstellt. Er blättert ein wenig darin, als er plötzlich auf eine Idee kommt.

Am nächsten Morgen bringt er das Büchlein in seine jetzige 5a mit und ruft begeistert: „Kinder, wir machen in den nächsten Stunden ein Klassengebetbuch!" Ein Teil der Klasse schaut neugierig, ein anderer Teil etwas irritiert auf. „Ein was? Klassengebetbuch? Was soll das denn? Wir haben doch schon ein Gebetbuch vorn im Pult liegen, das benutzt eh keiner", ruft Mia. „Und außerdem will ich nicht beten", motzt Ben, der meist erst einmal von allem genervt scheint. Sophie fragt: „Herr Müller, was verstehen Sie denn unter einem Klassengebetbuch? Könnten Sie das genauer erklären?" Sie rückt interessiert ihre Brille zurecht. „Klar, Sophie", lächelt Herr Müller. „Also, ein Klassengebetbuch enthält Gebete, die von euch verfasst werden." „Das wäre ja super", schaltet sich Moritz ein. Herr Müller fährt fort: „Außerdem können sich in einem Klassengebetbuch auch bekannte und alte Gebete befinden, die vielleicht einige von euch schon einmal gehört haben. Diese Gebete können dann in der Schule gemeinsam gebetet werden, zum Beispiel zu Stundenbeginn oder -ende oder zu bestimmten Anlässen." „Das

hört sich gar nicht so schlecht an. Aber ich habe zum Beispiel noch nie ein Gebet geschrieben. Und ich denke, das geht mehreren in der Klasse so …", merkt die Klassensprecherin Sina an. „Kein Problem. Wir schauen uns gemeinsam das Klassengebetbuch an, das ich mitgebracht habe. Dann wird die Sache bestimmt klarer. Und die richtigen Worte beim Beten finden – das kann jeder, glaubt mir", ermuntert Herr Müller die Klasse. Alle sehen gespannt aus, sogar Ben blickt etwas weniger skeptisch als vorher. „Schauen wir halt mal", grummelt er.

---

1 Die Schülerinnen und Schüler der 5a reagieren ganz unterschiedlich auf Herrn Müllers Idee.

a Zeichne folgende Skala in dein Heft:

b Kennzeichne auf der Skala, wie Mia, Ben, Sophie, Moritz und Sina zur Idee des Klassengebetbuches stehen.

c Zeichne mit einer anderen Farbe deinen eigenen Standpunkt auf der Skala ein.

d Vergleicht zu zweit eure Ergebnisse und erläutert euch euren Standpunkt.

2 Schülerinnen und Schüler eines anderen Gymnasiums haben ein Gebetbuch gestaltet (siehe oben), jedoch nicht für ihre eigene Klasse, sondern für die gesamte Schulgemeinschaft. Beschreibt das Titelblatt und besprecht, ob ihr es für eure Schule auswählen würdet.

Herr Müller zeigt den Schülerinnen und Schülern das alte Klassengebetbuch, lässt es durch die Reihen gehen und meint ermunternd: „Es gibt so viele Gebete wie es Menschen gibt. Jeder kann und darf Gott sagen, was er will und wie er will – egal, welche Laune er gerade hat. Ihr könnt zum Beispiel loben, klagen, fragen, bitten oder danken. Bei der ganzen Vielfalt von Gebeten gibt es meistens eine große Gemeinsamkeit. Wie ein Architekt immer einen Bauplan seiner Häuser hat – egal, wie unterschiedlich sie nachher aussehen –, so gibt es einen gängigen Bauplan für Gebete, an den man sich halten kann, aber nicht muss." Dazu verteilt Herr Müller folgende Kopien an die Klasse.

Vater im Himmel,
ein neuer Tag hat angefangen.
Du schenkst ihn uns.
Wir freuen uns und danken dir, dass wir ihn erleben dürfen. Vor allem aber danken wir dir, dass du überall und immer bei uns bist und uns allezeit liebst, denn das macht uns froh.
Amen.

Guter Gott,
heute müssen wir mal etwas loswerden.
Du hast unsere Welt so schön gemacht.
Gerade jetzt im Frühling: Die Wiesen werden grün, die Vögel zwitschern und alle Leute sehen viel fröhlicher aus.
Und du hast diese schöne Welt erschaffen.
Du bist echt spitze! Wir loben dich!
Amen.

Lieber Gott,
ein anstrengender Tag liegt vor uns. Heute schreiben wir nämlich eine Schulaufgabe. Bitte hilf uns, an alles zu denken, was wir gelernt haben. Mache uns ruhig und klar im Kopf, damit wir heute so gut wie möglich abschneiden können.
Amen.

Außerdem schreibt Herr Müller an die Tafel:

Bauplan vieler Gebete

1. Anrede

2. Hauptteil: z. B. Lob, Bitte, Dank, Klage

3. Gebetsabrundung und Amen

3 Den Bauplan von Gebeten untersuchen:
 a Wähle eines der drei Gebete aus und schreibe es in dein Heft. Verwende für die drei Gebetsteile (Anrede, Hauptteil, Gebetsabrundung) unterschiedliche Farben.
 b Grundsätzlich unterscheidet man Lob-, Dank-, Bitt- und Klagegebete. Welche dieser vier Bezeichnungen passt am ehesten zum Gebet, das du abgeschrieben hast? Notiere deine Meinung und begründe sie in zwei Sätzen.

4 Nun bist du selbst an der Reihe:
 a Formuliere ein Gebet. Entscheide dich, ob du Gott loben, danken, bitten oder vor ihm klagen möchtest. Beachte den dreiteiligen Bauplan eines Gebets. – Falls du kein Gebet formulieren möchtest, kannst du den Arbeitsauftrag 3 noch einmal für ein weiteres Gebet ausführen.
 b Nun könnt ihr euch eure Gebete gegenseitig vortragen. Jede und jeder kann dies für sich selbst entscheiden.

Auf dem Weg zu unserem Klassengebetbuch

oben: „Words to God" – Klassengebetbuch der Klasse 5a

rechts: Evangelisches Gebetbuch für unter-schiedliche Lebenssituationen (Auszug)

gemeinsam

1 **Erste Klärungen**

Welche Themen sind uns so wichtig, dass wir ihnen eigene Kapitel widmen? Wie dick soll unser Buch sein, wie wollen wir es gestalten?

einzeln

2 **Gebete sammeln und schreiben**

- eigene Gebete
- Grundgebete aus Bibel und Kirche
- neuere Gebete zu unterschiedlichen Anlässen

in Gruppen

3 **Kapitel gestalten**

- Gebete auswählen und evtl. ergänzen
- Bilder aussuchen oder selbst anfertigen
- Einzelseiten fertigstellen

1 Zwei Beispiele zeigen euch, wie unterschiedlich man ein Gebetbuch gliedern kann. Lest beide Inhaltsverzeichnisse durch und sammelt, welche Themen euch besonders ansprechen oder aber fehlen.

2 Auf Seite 109 seht ihr drei Gebete, die eine Schülerin für ein Klassengebetbuch vorgeschlagen hat. Bildet für jedes dieser Gebete mindestens eine Gruppe.

a Lest das Gebet in eurer Gruppe zweimal laut vor. Bestimmt, welchem der sieben Themen des rechten Inhaltsverzeichnisses (Freude, Angst, ...) euer Gebet am ehesten zuzuordnen ist.

b Trefft eine Entscheidung: Würdet ihr dieses Gebet in ein Klassengebetbuch aufnehmen? Warum (nicht)?

c Stellt eure Gebete in der Lerngruppe vor und tauscht euch über eure Entscheidungen aus.

Gott,
es hilft nichts, drum herumzureden:
Schule ist an manchen Tagen so langweilig.
Zweihundertsiebzig Minuten hintereinander
still sitzen,
zuhören,
aufpassen,
mitmachen müssen.
Herr,
wir bitten dich:
Schenke uns Geduld,
den Lehrern mit den Schülern,
den Schülern mit den Lehrern.
Amen.

Heilig, heilig, heilig,
Gott, Herr aller Mächte und Gewalten.
Erfüllt sind Himmel und Erde von deiner
Herrlichkeit.
Hosanna in der Höhe.
Hochgelobt sei, der da kommt
im Namen des Herrn.
Hosanna in der Höhe.

Keinen Tag soll es geben, an dem ihr sagen müsst:
Niemand ist da, der uns hört.
Keinen Tag soll es geben, an dem ihr sagen müsst:
Niemand ist da, der uns schützt.
Keinen Tag soll es geben, an dem ihr sagen müsst:
Niemand ist da, der uns hilft.
Keinen Tag soll es geben, an dem ihr sagen müsst:
Wir halten es nicht mehr aus.

in Gruppen

4 Buch zusammenfügen
• Seiten zusammenstellen und nummerieren
• Inhaltsverzeichnis schreiben
• Vorwort schreiben
• Schreibfehler korrigieren

gemeinsam

5 Deckblatt entwerfen
• Ideen sammeln für Titel und Umschlag
• entscheiden und fertigstellen

Unser Klassen-gebetbuch

3 Jetzt seid ihr am Zug.
  a Schaut euch die Grafik genau an und klärt offene Fragen zu den fünf Schritten.
  b Entscheidet jetzt, ob ihr gemeinsam ein Klassengebetbuch erstellen wollt.
  c Falls ja, dann bearbeitet schrittweise die Teilaufgaben, die in der Grafik angegeben sind.
  Tipp: Gebete findet ihr in diesem Buch (z. B. auf Seite 22, 23, 25, 43, 70, 78, 79, 96 und 107). Wenn du ein Gebet schreiben willst, dann findest du auf Seite 107 eine Anleitung.

4 Es ist an der Zeit zurückzublicken: Schlage dazu im Heft deinen Routenplaner durch das Kapitel auf.
  a Schreibe über den senkrechten Pfeil „viel/wenig gelernt". Gehe jetzt noch einmal aufmerksam die Seiten durch, mit denen im Unterricht gearbeitet wurde.
  b Zeichne eine zweite Kurve in deinen Routenplaner ein. Die Kurve soll zeigen, ob du auf der jeweiligen Seite viel oder wenig gelernt hast. Verwende dazu eine andere Farbe als bei der ersten Kurve.

Richtig nass

Es regnete. Und wenn es regnete, liebte es der Kofferfisch, ganz dicht an der Wasseroberfläche entlangzuschwimmen. Er lauschte dem Prasseln der Regentropfen und beobachtete die kleinen Wellenkreise über sich. „Weißt du was?", sagte er zum Doktorfisch, der neben ihm schwamm. „Nein." „Ich wäre so gerne mal richtig nass." „Wir sind Fische", sagte der Doktorfisch. „Wir sind immer nass." „Wir sind unter Wasser, aber nass sind wir nicht. Nass ist man nur, wenn man nass ist."

Der Doktorfisch warf dem Kofferfisch einen fragenden Blick zu. „Du meinst, man ist nass, wenn man nass ist, aber man ist nicht nass, wenn man unter Wasser ist?" „Genau." „Dann ist man ja nie nass", sagte der Doktorfisch nach einer Pause.

„Doch! Wenn du Luft und Wasser gleichzeitig auf dir spürst, dann bist du nass. Zum Beispiel, wenn du gebadet hast und dann an Land gehst." „Fische gehen aber nicht an Land", warf der Doktorfisch ein. „Oder wenn du durch den Regen schwimmst." „Man kann auch nicht durch den Regen schwimmen." „Ja, leider", sagte der Kofferfisch.

Allmählich ließ der Regen nach. Nur ab und zu fielen noch einzelne Tropfen aufs Wasser. Da bemerkte der Doktorfisch den Delfin, der in der Ferne seine Runden drehte. „Warte mal eben", sagte er zum Kofferfisch und schwamm davon. Kurze Zeit später kam er in Begleitung des Delfins zurück.

Der Delfin machte ein freundliches Gesicht (denn Delfine machen einfach immer ein freundliches Gesicht). „Ich weiß, wie es dir geht", sagte er. „Ich kann dir helfen."

„Wirklich …?", wollte der Kofferfisch fragen, doch bevor er dazu kam, klappte der Delfin seinen Schnabel einmal auf und einmal zu und umschloss den Kofferfisch mit seinen Zähnen. Dann tauchte er tief hinab, machte eine Drehung, schnellte wieder empor, schoss aus dem Wasser heraus und spuckte den kleinen Fisch in die Höhe. Der Kofferfisch flog durch die Luft, dass ihm der Wind durch die Flossen wehte. Er drehte sich um sich selbst, sah den Wolkenhimmel über sich und unter sich das Meer, und Wassertropfen stoben in alle Richtungen. Ein Sonnenstrahl schien in sein Gesicht, ein Regentropfen streifte seine Nase, er hörte Flügelschlagen und Möwengekreisch, ihm wurde kalt und warm zugleich. Einen kurzen himmlischen Moment lang blieb er in der Luft stehen, bevor er wieder zu fallen begann. Dann sauste er hinab, sah das Meer immer näher kommen und klatschte schließlich mit einem Riesenspritzer zurück ins Wasser, wo er sprudelnd untertauchte.

„Na, wie war's?", fragte der Doktorfisch.

„Toll!", strahlte der Kofferfisch. „Ich war richtig nass!"

Jens Rassmus

---

1 Lies die Erzählung still für dich. Wählt im Anschluss vier Schülerinnen und Schüler, die die Stimmen von Erzähler, Kofferfisch, Doktorfisch und Delfin übernehmen und den Text laut vortragen.

2 Bildet Viergruppen und stellt die Erzählung in einem Schwarz-Weiß-Comic mit vier Bildern dar.
   a Denkt euch zuerst vier Bilder zur Erzählung aus und beschreibt, was darauf zu sehen sein soll. Teilt dann auf, wer welches Bild anfertigen wird.
   b Zeichnet jedes Bild auf ein DIN-A6-Blatt und fügt sie zu einer Bilderfolge zusammen.
   c Präsentiert eure Comics in der Lerngruppe und hängt sie dann im Klassenraum auf.

3 Nun kannst du deinen Gedanken zur Geschichte nachgehen. Wähle dazu eine der Aufgaben:
   a Kofferfisch, Doktorfisch und Delfin sind sehr unterschiedliche Tiere. Was gefällt dir jeweils am besten an ihnen? Schreibe deine Überlegungen auf ein Blatt Papier.
   b Einen „himmlischen" Moment lang befindet sich der Kofferfisch schwerelos in der Luft. Schreibe eine kurze Geschichte über einen himmlischen Moment, den du erlebt hast.

4 Wer mag, kann den eigenen Text zum Comic seiner Gruppe hängen. Gönnt euch zum Abschluss eine längere Lesepause.

Heilige Orte

Kirchen als Mittelpunkte christlichen Glaubens und Lebens

Kirchenräume öffnen sich

Kirchen sind ganz besondere Räume. Zu Beginn dieses Kapitels kannst du entdecken, wie verschieden Räume sind und welch unterschiedlichen Zwecken sie dienen. Jeder Raum hat sein Geheimnis. Die Hinwege zeigen anschließend, wie Kirchenräume aufgebaut sind und welche besonderen Gegenstände (z. B. Altar, Ambo) man dort findet.

Die Durchgänge sind eine kurze Reise durch die Zeit. Dabei begegnen dir vier wichtige Stile des Kirchenbaus: Romanik, Gotik, Barock und Moderne. Jeder Baustil bringt ein besonderes Lebensgefühl zum Ausdruck. Du wirst sehen, wie vielfältig Kirchen sind. Und trotzdem wird in all diesen Kirchen auf ähnliche Weise gebetet und gefeiert. Unter „Kirche" versteht man nicht nur besondere Häuser, sondern auch die lebendige Gemeinde der Christinnen und Christen. In den Ausblicken kannst du erkunden, was Menschen in dieser Gemeinschaft tun und erleben. Wenn man sich die Kirche als Haus aus lebendigen Steinen (vgl. 1 Petr 2,5) vorstellt, wird verständlich, dass sie sich immer wieder verändert – und damit eine Baustelle bleibt.

Geheimnisvolle
Räume

Blick ins Innere
der Kirche

Reise durch
die Zeit

Ein Ort des
Feierns

Kirche als
Gemeinschaft

---

1 Betrachte das Eingangsbild dieses Kapitels (Seite 111).
  a Beschreibe, was du auf dem Bild erkennst.
  b Eine Schülerin sagte: „Das passt doch gar nicht zusammen, Bagger und Haus Gottes!" Tauscht euch über die Meinung des Mädchens aus.

2 Rechts siehst du den Grundriss einer Kirche. Um diese Kirche herum führt ein Weg mit fünf Stationen. Sie zeigen dir, was dich im Kapitel erwartet.
  a Zeichne einen eigenen Weg in dein Heft, der die Überschriften der fünf Stationen enthält.
  b Besprecht zu zweit, was ihr euch unter der jeweiligen Station vorstellt. Notiert zu jeder Überschrift ein Stichwort.

  c Lies den Text oben auf dieser Seite. Schreibe dann unter die Überschrift jeder Station eine kurze Frage, die dich interessiert.

3 Der Grundriss zeigt, wie ein Kirchengebäude angelegt ist.
  a Zeichne den Grundriss in dein Heft und übernimm die Beschriftungen.
  b Finde heraus: Wo ist der Haupteingang der Kirche? – Welches christliche Symbol lässt der Grundriss erkennen? – In welche Richtung erstreckt sich die Kirche?
  c Klärt gemeinsam die euch unbekannten Beschriftungen sowie die Frage, warum die meisten Kirchen „geostet" sind. Benutzt ein Lexikon oder recherchiert im Internet.

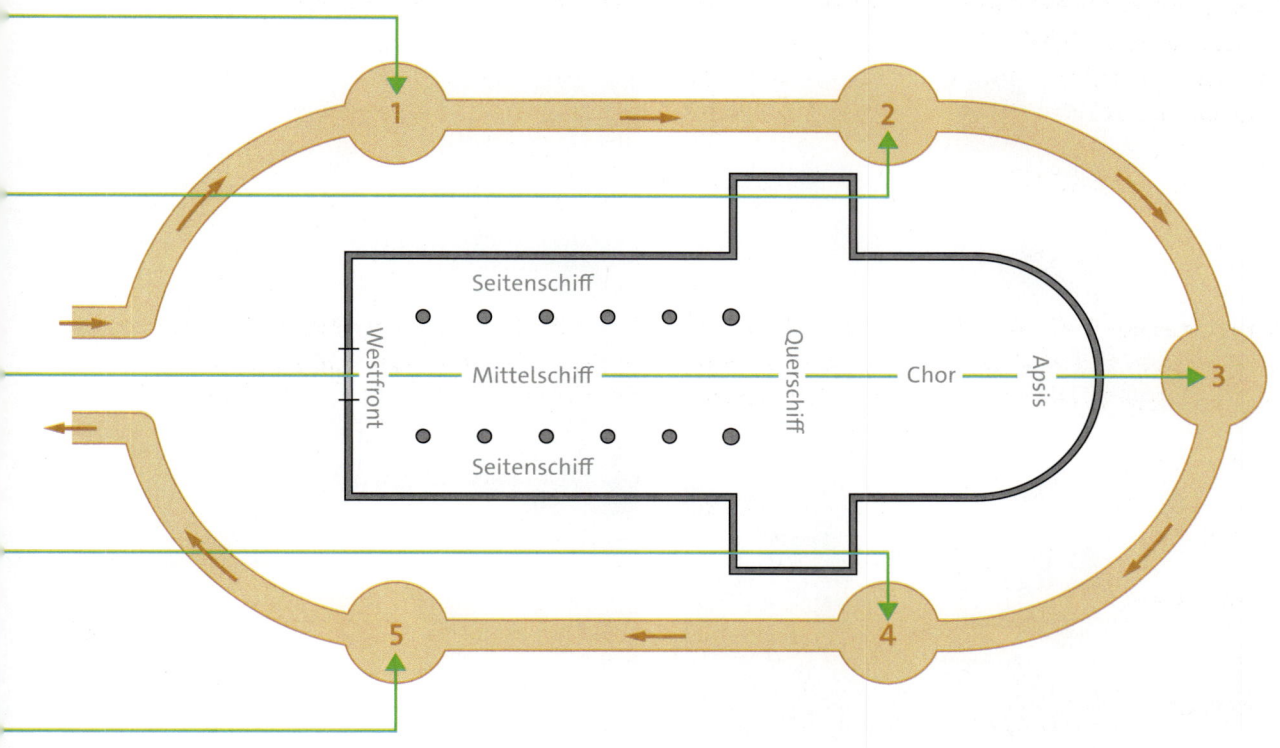

Ideenmappe Kirchenführer

In diesem Kapitel wirst du einige besondere Kirchen kennenlernen. Dazwischen findest du Ideen und Informationen, um deine eigene Heimatkirche genauer zu erkunden – und einen kleinen Führer zu gestalten, der sie vorstellt.

a Dafür brauchst du einen Schnellhefter und zehn DIN-A4-Blätter.

b Gestalte eine Titelseite mit der Überschrift „Meine Heimatkirche".

c Stell dir vor, dass du deine Heimatkirche wie ein Vogel von oben betrachtest. Wahrscheinlich wird der Grundriss, den du siehst, einfacher sein als das Beispiel auf dieser Doppelseite. Manche Elemente wirst du wiederfinden, andere nicht. Skizziere den Grundriss deiner Heimatkirche auf Blatt 2 der Ideenmappe. **Tipp:** Vielleicht hilft dir eine Luftbildaufnahme aus dem Internet weiter.

Geheimnisvolle Räume

A

B

1 Das Öffnen von Türen ist immer spannend. Man weiß meist nicht genau, was einen dahinter erwartet.

  a Nimm dir Zeit, die vier abgebildeten Räume zu betrachten.

  b Wähle den Raum aus, der dir am besten gefällt. Notiere dann drei Gedanken, die dir zu diesem Raum einfallen.

  c Arbeitet zu zweit: Tauscht eure Notizen aus und versucht zu erraten, welcher Raum gemeint ist.

2 Auf den Fotos sind die Räume fast menschenleer.

  a Stell dir vor, dass du Raum für Raum betrittst und dort Menschen sind. Konzentriere dich darauf, was du in jedem Raum hörst und siehst.

  b Wozu werden die vier Räume genutzt? Formuliere für jedes Foto einen kurzen Untertitel, der dies ausdrückt.

  c Stellt euch eure Untertitel gegenseitig vor.

  d Besprecht, bei welchen Räumen ein Zweck nicht eindeutig zu bestimmen war. Woran liegt das?

C

D

3 Spielt: „Ich sehe was, was du nicht siehst." Ein Schüler oder eine Schülerin denkt sich einen Raum aus und beschreibt, wie er aussieht. Wer zuerst errät, welcher Raum gemeint ist, gewinnt und darf einen Raum beschreiben.

4 Denke an dein eigenes Zimmer.
  a Notiere zwei Regeln, die man beachten muss, wenn man dein Zimmer betritt und sich darin aufhält.

  b Lest nacheinander eure Regeln vor.
  c Stellt gemeinsam Regeln auf, die in den vier abgebildeten Räumen auf dieser Doppelseite gelten könnten.

5 „Der Raum, in dem ich mich rundum wohlfühle." Male zu diesem Thema entweder ein Bild oder formuliere ein kurze Beschreibung.

Erkundung eines heiligen Raumes

1 *Innenraum der Pfarrkirche St. Anna in Kreuzberg (Freyung)*

1 Ankommen: Stell dir vor, du betrittst die Kirche, die du auf dem Foto siehst.

  a Bleibe in Gedanken zunächst an der geöffneten Tür stehen und lass den Raum von dort aus auf dich wirken.

  b Notiere in Stichworten:
- Was ist für dich der deutlichste Unterschied zu draußen?
- Wohin geht dein erster Blick?
- Wie wirkt der Raum spontan auf dich?
- Wohin möchtest du zuerst gehen?

  c Sprecht in der Lerngruppe über eure Notizen.

2 Entdecken: Nun kannst du den Raum „erobern", indem du ihn genau erkundest.

  a Schaut euch im Raum um und beantwortet folgende Fragen:
- Wovon gibt es am meisten in dieser Kirche?
- Was kommt nur einmal vor?
- Was könnte das Größte, das Schwerste, das Kostbarste in dieser Kirche sein?

  Überlegt euch weitere Fragen und sucht gemeinsam nach Lösungen.

  b Zeichne einen Gegenstand oder ein Muster aus dem Kirchenraum sorgfältig ab.

3 Nachdenken: Betrachte das Kirchenfoto noch einmal aufmerksam. Warum würden manche Menschen sagen, das ist ein heiliger Raum? Was ist für dich das Besondere an diesem Raum?

  a Nimm dir Zeit, um über beide Fragen nachzudenken.

  b Geht nun beiden Fragen im Gespräch gemeinsam auf den Grund.

4 Verdichten: Nun kannst du Wichtiges aus der Kirchenerkundung für dich festhalten und noch einmal kreativ werden. Wähle dazu eine der folgenden Möglichkeiten.

a Stell dir vor, du führst eine Person, die fast nie eine Kirche betritt, durch diesen Raum: An welche drei Plätze würdest du mit ihr gehen und was würdest du ihr dort jeweils sagen? Gestalte zu jedem der drei Orte eine Sprechblase.

b Was würde eine Kirche erzählen, wenn sie am Abend den Tag überdenkt? Schreibe einen kurzen Tagebucheintrag. Wähle vorher einen Wochentag aus.

Ideenmappe Kirchenführer

Besuche deine Heimatkirche und bearbeite den Auftrag von dieser und der folgenden Doppelseite. Nimm bei deinem Besuch einen Fotoapparat oder ein Handy mit.

a Suche einen Platz, von dem du einen guten Blick auf das Äußere der Kirche hast, und mache von dort aus ein erstes Foto des Gebäudes. Dieses brauchst du später noch für deine Ideenmappe.

b Dann gehst du zum Eingang, schaust in den Innenraum und bleibst eine Weile stehen. Wähle dann mindestens zwei weitere Orte, von denen aus du den Innenraum betrachten willst. Notiere während deines Gangs durch die Kirche, was dir auffällt, und mache weitere Fotos.

c Gestalte Blatt 3 deiner Ideenmappe. Beschreibe dort den Innenraum deiner Heimatkirche in wenigen Sätzen und füge zwei anschauliche Fotos ein.

Blickpunkte im Kirchenraum

ALTAR

Die ersten Christinnen und Christen versammelten sich in ihren Häusern, um miteinander Mahl zu feiern, wie Jesus es ihnen aufgetragen hatte (vgl. Lk 22,19). Die Speisen brachten sie mit, benötigt wurde noch ein Tisch. Als dann die Gemeinden zu groß wurden, baute man eigene Gebäude für diese Treffen: die ↗Kirchen. Die zunächst beweglichen Tische fanden dort einen festen Platz. Der Hauptaltar einer Kirche steht meist an einer erhöhten und zentralen Stelle im Raum. In manchen Kirchen gibt es auch Nebenaltäre, die heute kaum noch genutzt werden. Wenn die Gemeinde ↗Eucharistie feiert, werden auf dem Altar Brot und Wein niedergelegt. Dass der Altar ein ganz besonderer Tisch ist, zeigt sich in vielfältigen Gesten: Manche Gläubige verneigen sich, andere knien nieder, ↗katholische Priester küssen ihn zu Beginn des Gottesdienstes. Der Altar gilt als „Tisch des Brotes", das Christus vergegenwärtigt, der gestorben ist und auferweckt wurde.

TAUFBECKEN

Jesus selbst gab seinen Jüngern den Auftrag, zu taufen (vgl. Mt 28,19). Bis heute besiegelt die Taufe, dass Menschen zu Christus gehören. Ursprünglich wurden die Christinnen und Christen in natürlichen Gewässern getauft. Als sie ↗Kirchen bauten, stellten sie dort Wasserbecken für die Taufe auf. Das Taufbecken ist oft der älteste Gegenstand einer Kirche. Es ist aus Stein oder Metall gearbeitet. Von Kirche zu Kirche findet man das Taufbecken an unterschiedlichen Plätzen. Die Gläubigen sollen sich immer darum versammeln können.

1 Aus der Vielzahl der Gegenstände, die du in einer Kirche finden kannst, sind hier einige ausgewählt.

   a Suche diese Gegenstände auf dem Foto von Seite 116/117.

   b Sprecht über eigene Erinnerungen, die ihr mit diesen Gegenständen verbindet.

2 Bildet kleine Gruppen, die sich auf den Altar, das Taufbecken, den Ambo oder den Tabernakel mit dem ewigen Licht spezialisieren.

   a Lest den Informationstext zu eurem Thema.

   b Gestaltet gemeinsam ein Plakat, das euren Gegenstand bildlich darstellt und vier wichtige Informationen dazu in Stichworten benennt.

   c Stellt eure Plakate den anderen Gruppen vor.

3 Besprecht miteinander, was die einzelnen Gegenstände mit Jesus Christus zu tun haben.

TABERNAKEL UND EWIGES LICHT

Das Wort „Tabernakel" bedeutet ursprünglich „Zelt". In ⟋katholischen und ⟋orthodoxen Kirchen ist der Tabernakel ein Kästchen. Hier wird das ⟋eucharistische Brot aufbewahrt, um etwa für eine Krankenkommunion mitgenommen zu werden. Der Tabernakel ist meist im Altarraum und häufig in einen Altaraufbau eingefügt.
In der Nähe des Tabernakels ist eine rot leuchtende Lampe angebracht. Es ist das „ewige Licht", das auf die dauernde Gegenwart Christi hinweist. Nur an Karfreitag wird dieses Licht gelöscht – und in der Osternacht wieder entzündet.

AMBO

Christinnen und Christen liegt es am Herzen, das Wort Gottes zu hören. Um aus den vier ⟋Evangelien und aus anderen Büchern der Bibel vorzulesen, gibt es einen eigenen Ort in der Kirche – ein Lesepult, das „Ambo" heißt. Hier wird das Gotteswort nicht nur verkündet, sondern in der Predigt auch ausgelegt. Als „Tisch des Wortes" ist der Ambo den Gläubigen sehr wichtig. Deshalb steht er, wie der Altar, an zentraler Stelle und ist oftmals künstlerisch gestaltet.

Ideenmappe Kirchenführer

Weitere Ideen für den Besuch deiner Heimatkirche:

a Nimm dir zunächst Zeit, um Altar und Ambo genauer zu betrachten sowie ihre Umrisse auf ein Blatt Papier zu zeichnen. Geh anschließend zum Tabernakel/zum ewigem Licht sowie zum Taufbecken. Zeichne auch deren Formen ab.

b Schau dich in der Kirche um. Entscheide dich für zwei weitere Einrichtungsstücke, die du besonders interessant findest (z. B. Orgel, Kanzel, Beichtstuhl), und mache Fotos davon.

c Blatt 4 und 5 der Ideenmappe sind besonderen Gegenständen deiner Heimatkirche gewidmet. Platziere dort deine Zeichnungen und Fotos; ergänze passende Bildunterschriften.

d Trage in den Grundriss auf Blatt 2 der Ideenmappe ein, wo Altar, Ambo, Taufbecken, Osterkerze, Tabernakel, ewiges Licht und Weihwasserbecken in deiner Heimatkirche zu finden sind.

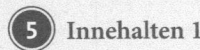

Verhalten beobachten

Menschen drücken sich nicht nur mit Worten, sondern auch durch ihr Verhalten aus. In Kirchenräumen etwa verhalten sie sich auf besondere Weise – und ganz anders als etwa im Kaufhaus, im Fußballstadion oder im Wohnzimmer. Wie kommen wir diesem Verhalten auf die Spur? Meistens genügt es, sich einfach umzuschauen und all das aufzunehmen, was einem auffällt. Vieles entdecken wir aber erst bei genauem Hinsehen. Dabei sind drei Schritte wichtig.

1. Beobachtungen vorbereiten

Wie handeln Menschen im Kirchenraum? Zunächst könnt ihr Ideen sammeln, wo im Kirchenraum ihr dies beobachten wollt. So könnten manche von euch auf den Eingang mit dem Weihwasserbecken achten, andere auf eine Heiligenfigur mit Kerzen oder auf die Kirchenbänke. Bestimmt fallen euch noch weitere Plätze in der Kirche ein.

Spannend ist nun die Frage, was genau ihr beobachten wollt. So könnt ihr erkunden, ob die Menschen laufen, stehen, sitzen oder knien. Interessant könnte auch sein, was die Menschen genau tun: Sprechen sie miteinander oder schweigen sie? Lesen sie in einem Buch? Zünden sie eine Kerze an?

Jetzt könnt ihr entscheiden, wie ihr eure Beobachtungen festhalten wollt. Genügt es, sie sich einfach zu merken? Ist es besser, wenn ihr euch Notizen macht? Oder bereitet ihr eine kleine Liste von Aussagen vor, auf der ihr ankreuzt, was ihr wie oft seht?

Für eure Beobachtung bildet ihr Tandems von jeweils zwei Personen. Jedes Tandem einigt sich, wann es sich in welcher Kirche der Umgebung treffen will. Bestimmt, wer von euch an welchem Platz was beobachten wird. Auch solltet ihr klären, wie lange die Beobachtung dauern soll: Länger als eine Viertelstunde ist sehr anstrengend.

2. Beobachtungen durchführen

Trefft euch vor dem Eingang der Kirche und geht dann an die vereinbarten Plätze im Inneren. Erfüllt dort aufmerksam eure Aufgaben und haltet gegebenenfalls fest, was ihr seht. Seid unbedingt achtsam und rücksichtsvoll. Niemand sollte sich durch eure Beobachtungen gestört fühlen.

Nach der vereinbarten Zeitspanne seht ihr euch wieder – am besten an einem Ort, wo ihr laut miteinander sprechen könnt.

3. Beobachtungen besprechen

Zurück im Klassenraum klärt ihr zunächst zu zweit, was ihr den anderen über eure Beobachtungen mitteilen könnt. Stellt dann in der Lerngruppe eure Entdeckungen vor, die ihr im Kirchenraum gemacht habt. Daran anknüpfend könnt ihr miteinander ins Gespräch kommen: Was habt ihr neu kennengelernt? Welche neuen Einsichten habt ihr gewonnen? Welche Fragen stellen sich euch jetzt?

A

B

C

D

1 Die Bilder zeigen Verhaltensweisen von Personen im Kirchenraum. Notiere jeweils in einem Satz, was du siehst.

2 Trainiert das gezielte Beobachten in der Schule. Probiert miteinander die drei Schritte des Vorbereitens, Durchführens und Besprechens aus. Dabei könnt ihr euch beispielsweise auf den Pausenhof konzentrieren, wo es unterschiedliche Ecken, Plätze und Gruppen gibt.

3 Nun seid ihr gut vorbereitet für eine eigene Exkursion zu einer Kirche in eurer Nähe. Bereitet eure Beobachtungsaufgaben im Klassenzimmer vor, führt sie in der Kirche durch und besprecht zum Schluss eure Entdeckungen.

Kirchenbau – Reise durch die Zeit

Romanik: Burg Gottes

Was fällt dir spontan zum Thema „Mittelalter" ein? Wahrscheinlich denkst du gleich an Ritter und Burgen. Damit bist du schon mittendrin in der Zeit des Hochmittelalters, wo unsere Reise durch die Baustile von Kirchen beginnt. Diese Epoche (etwa 1000–1250) nennt man in der Kunst und Architektur „Romanik".

2 *Basilika St. Michael in Altenstadt bei Schongau*

3 *Innenraum von St. Michael in Altenstadt bei Schongau*

1 Betrachtet die Außenansicht der romanischen Kirche (Bild 2) und besprecht, was euch auffällt.

2 Stell dir vor, dass du in der letzten Bankreihe der Kirche sitzt (Bild 3) und dich umschaust. Skizziere in dein Heft die Form, die dir im romanischen Innenraum am häufigsten begegnet.

3 Wähle jeweils zwei Wörter aus, die dir für das Äußere und das Innere der romanischen Kirche am passendsten erscheinen: verwinkelt – bombastisch – wuchtig – riesig – kalt – beschützend – sicher – kuschelig – feierlich – nüchtern – himmlisch – massiv.

4 Schaut euch die Außenansicht des gotischen Doms (Bild 4) genau an. Besprecht, was dort ganz anders ist als bei der romanischen Kirche.

Gotik: Fingerzeig Gottes

Die Baumeister des späten Mittelalters nahmen Psalm 78,69 wörtlich: „Dort baute er sein hoch ragendes Heiligtum." Neue Bautechniken machten es möglich, Kirchen zu errichten, die in den Himmel zu wachsen scheinen. Es war die Epoche der Gotik (etwa 1250–1500).

4 *Dom St. Peter in Regensburg*

5 *Innenraum des Regensburger Doms*

5 Schau dir den Innenraum des Doms genau an.
  a Lass deinen Blick langsam vom Boden über die Glasfenster zur Decke wandern. Achte auf die Breite und Höhe des Raumes sowie darauf, wie das Licht einfällt.
  b Skizziere in dein Heft die Form, die dir im gotischen Innenraum am häufigsten begegnet.

6 Notiere passende Adjektive, die sowohl das Äußere als auch das Innere des gotischen Doms beschreiben, in dein Heft.

7 In einem Lexikon liest du:
  • Wichtige Merkmale dieses Baustils sind hohe Türme, Spitzbögen, reiche Verzierungen und aufwändig gestaltete Glasfenster.
  • Wichtige Merkmale dieses Baustils sind festungsartige Mauern mit kleinen Fenstern sowie Rundbögen auf wuchtigen Säulen.
  Entscheidet, welcher Satz zur Romanik und welcher zur Gotik gehört. Schreibt dann beide Sätze unter der richtigen Überschrift ins Heft.

Barock: der Himmel auf Erden

Der Baustil des Barock (etwa 1660–1750) folgt auf eine Zeit, die durch den Dreißigjährigen Krieg, die Pest, Hunger, Armut und Not geprägt war. Jetzt erlebte auch die ↗Kirche einen neuen Aufbruch. Man wollte für die Gläubigen buchstäblich den Himmel auf die Erde holen.

6 *Innenraum der Basilika Vierzehnheiligen bei Bad Staffelstein*

1 Bild 6 zeigt den Innenraum der ↗Wallfahrtskirche Vierzehnheiligen.

  a Schau dir das Bild genau an und achte vor allem auf die vielen Einzelheiten.

  b Notiere in wenigen Stichworten, was dir an dieser Kirche besonders gefällt.

  c Verfasse eine kurze Beschreibung des Innenraums. Stell dir dabei vor, dass du eine Kamera von unten nach oben schwenkst. Verwende mindestens drei der folgenden Wörter in deinem Text: Marmorsäulen – Verzierung – Gold – Stuckornamente – Heiligenfiguren – Engel – Deckengemälde.

  d „Diese Kirche zeigt den Himmel auf Erden." – Diskutiert, ob dieser Satz stimmt.

2 Für die Romanik war der Rundbogen typisch, für die Gotik war es der Spitzbogen.

  a Zeichne diese beiden Formen auf ein Blatt Papier und ergänze daneben eine eigene Form für den Baustil des Barock.

  b Stellt eure Blätter im Klassenzimmer aus und erkundet, wie unterschiedlich ihr den Barock dargestellt habt.

A   **B**   **C**   **D**

CHRISTOPHORUS soll als Fährmann arme Wanderer über einen Fluss getragen haben, eines Tages auch ein Kind. Mitten im Fluss wurde es ihm so schwer, dass er kaum vorwärts kam. Da erkannte er: Dieses Kind ist der Gottessohn.

BARBARA soll von ihrem heidnischen Vater in einen Turm gesperrt worden sein, wo sie auf wunderbare Weise durch die ↗Eucharistie gestärkt wurde. Da sie ihren Glauben nicht verleugnen wollte, wurde sie hingerichtet.

KATHARINA soll als kluge Christin in einem Streitgespräch 50 heidnische Gelehrte besiegt haben. Da das Rad zerbrach, auf dem sie als Christin hingerichtet werden sollte, wurde sie mit einem Schwert getötet.

GEORG soll ein römischer Offizier gewesen sein, der für seinen Glauben starb. Christinnen und Christen erzählten sich, Georg habe mit einem höllischen Drachen gekämpft und ihn besiegt.

3 Der Gnadenaltar von Vierzehnheiligen ist mit vierzehn Heiligenfiguren ausgestattet, die als Nothelfer angerufen werden. Vier dieser Figuren siehst du auf den Bildern A bis D. Findet heraus, wer dargestellt ist.

a Arbeitet zu zweit: Betrachtet Bild für Bild und notiert jeweils, was die Figur in der Hand hält und wen oder was sie noch bei sich hat.

b Vom wirklichen Leben dieser vier Heiligen wissen wir kaum etwas. Allerdings gibt es Legenden über sie, die erst nach ihrem Tod entstanden. Lest die vier Texte, die euch bei der Suche helfen.

c Überlegt, welcher Text zu welcher Figur passt. Sprecht über eure Zuordnungen.

4 Warum ist es ↗katholischen Christinnen und Christen wichtig, dass in einer Kirche Heilige dargestellt werden?

a Stelle diese Frage einer Person außerhalb der Schule (z. B. Großeltern, Pastoralreferentin, Pfarrer) und notiere ihre Antwort.

b Stellt die Antworten in der Lerngruppe vor und sprecht darüber.

Eine moderne Kirche entdecken

7 *Pfarrkirche St. Peter in Wenzenbach*

Der Architekt Peter Brückner hat den Neubau der Kirche St. Peter in Wenzenbach geplant.

Herr Brückner, beim ersten Blick auf den Erweiterungsbau vermutet man zunächst eher eine Turnhalle oder eine Gemeindehalle. Wie ist die Idee der Holzummantelung entstanden?

Beim Blick in die Geschichte der Ortskirche stellte sich heraus, dass hier im 6. Jahrhundert bereits eine Holzkirche stand. Daran wollten wir mit der Wahl des Materials erinnern. Zudem passt der Rohstoff Holz sehr gut zur ländlichen Gegend, in der die Kirche steht. Und natürlich darf man dabei den ökologischen Aspekt nicht vergessen. All dies sprach für einen Mantel aus Lärchenholzlamellen, der den Blick auf den erhaltenen Kirchenturm freigibt.

Welche festen Vorgaben zur Gestaltung gab es denn von der Gemeinde bzw. Diözese?

Wir hatten lediglich die Vorgabe, die Apsis und den Turm zu erhalten. Damit hatten wir Freiheit in der Wahl einer neuen Grundform, die an die Form eines Schiffs angelehnt ist.

Hat sich die Idee eines Kirchenschiffs aus dem Namenspatron St. Peter ergeben?

Das spielte dabei eine Rolle, denn der heilige Petrus wird ja auch als Menschenfischer bezeichnet und trägt als Attribut u. a. ein Schiff. Wesentlich war vor allem, der Gemeinde einen Ort der Geborgenheit zu schaffen – und so fühlt man sich im Hauptraum nun sicher und getragen wie in einem Schiffsrumpf.

---

1 Arbeitet zu zweit: Erkundet Bild 7 und Bild 8. Geht dabei jeweils in zwei Schritten vor:
   a Beschreibt, was ihr auf dem Foto seht.
   b Einigt euch, was im Vergleich zu anderen Kirchen ungewöhnlich ist.

2 Ein ungewöhnlicher Kirchenbau wirft viele Fragen auf.
   a Sammelt an der Tafel Fragen, die ihr dem Architekten stellen würdet.
   b Lest danach das Interview in verteilten Rollen.
   c Klärt im Gespräch, welche eurer Fragen der Architekt beantwortet.

Ein besonderes Merkmal dieser Kirche ist die Farbgebung in unterschiedlichen Blautönen. Würden Sie dies bitte etwas näher erläutern?

Zunächst bilden dunkelblaue Wände die Fassung des neuen Kirchenschiffs und vermitteln so das Gefühl von Tiefe. Im oberen Teil ist die Außenfassade jedoch komplett aus blau getöntem Glas, das immer heller wird, als sähe man direkt in den Himmel. Nachts kehrt sich dieser Eindruck mit der entsprechenden Beleuchtung um: ein wirklich faszinierendes Spiel von Licht und Schatten.

Herr Brückner, wir danken Ihnen für dieses Gespräch.

8 *Innenraum der Pfarrkirche St. Peter in Wenzenbach*

3 Die Wenzenbacher Kirche ist wie ein Schiff gebaut. Wie findest du diese Idee? Vertritt deinen Standpunkt in der Lerngruppe.

4 Vergleicht den Kircheninnenraum von St. Peter mit dem der Wallfahrtskirche Vierzehnheiligen (Seite 124). Sammelt im Gespräch die auffälligsten Unterschiede.

5 Welcher Kirchenbaustil gefällt mir am besten?
  a Blättere die Seiten 122 bis 127 noch einmal durch und entscheide dich für deinen Lieblingsstil.
  b Bestimmt für jeden Baustil eine Ecke im Klassenzimmer. Geh zu dem Baustil, der dir am besten gefällt.
  c Begründe in einem Satz, warum du diesen Baustil ausgesucht hast.

Ideenmappe Kirchenführer

Mit Romanik, Gotik, Barock und Moderne hast du vier Baustile kennengelernt. Nicht alle Kirchen sind diesen vier Stilen zuzuordnen.
  a Stell dir vor, wie deine Heimatkirche innen und außen aussieht. Entscheide, welchem Baustil du sie am ehesten zuordnen würdest.
  b Bringe nun Genaueres über die Entstehungszeit und den Baustil deiner Heimatkirche in Erfahrung. Wenn es über sie einen kleinen Kirchenführer gibt, der oft am Eingang ausliegt, ist das die beste Informationsquelle. Ansonsten kannst du auch eine Person aus der Pfarrei befragen oder im Internet recherchieren.
  c Blatt 6 deiner Ideenmappe kannst du mit der Außenansicht deiner Heimatkirche bebildern, die du beim Besuch fotografiert hast. Ergänze einige Sätze, die über die Entstehung und den Baustil Auskunft geben.

Kirchenräume in Bewegung

A

B

1 Je nachdem, wie belebt Kirchenräume sind, wirken sie vollkommen anders.

  a Betrachte jeden der vier Kirchenräume und achte darauf, wer dort was macht.

  b Notiere für jedes Bild ein Wort, das deinen Eindruck beschreibt.

  c Schildert euch gegenseitig, was in den vier Räumen geschieht und wie sie auf euch wirken.

2 Ordne jedem der Bilder B bis D einen der folgenden Titel zu:
sonntägliche Messfeier – Beginn eines Werktagsgottesdienstes – Wortgottesdienst in der Osternacht.

3 Machen Gottesdienste mehr Freude, wenn viele Menschen mitmachen? Wie sollten Gottesdienste gestaltet sein, damit Menschen gern daran teilnehmen? Diskutiert eure Meinungen.

C

D

4 Wenn Christinnen und Christen Gottesdienst feiern, dann brauchen sie besondere Gegenstände, zum Beispiel: Monstranz, Altar, Kelch, Weihwasserbecken, Hostienschale, Kreuz, Osterkerze, Ambo.

a Lest den Lexikonartikel zur ↗Eucharistie (Seite 138) und klärt dann im Gespräch, welche der aufgezählten Gegenstände bei der Eucharistiefeier benötigt werden.

b Betrachtet das Foto zur Osternacht, wo gerade aus der Bibel vorgelesen wird. Ermittelt, welche Gegenstände hier gebraucht werden.

c Für wenige Gegenstände habt ihr noch keine Verwendung gefunden. Findet heraus, wann sie zum Einsatz kommen. Wenn ihr im Internet die Suchwörter „Praxis", „Gottesdienst" und „Lexikon" eingebt, stoßt ihr auf ein hilfreiches Lexikon.

d Schreibe die Namen jener Gegenstände ins Heft, mit denen ihr euch in Aufgabe c befasst habt, und ergänze jeweils eine einfache Zeichnung.

Kirchen besuchen

Mit wachen Augen

Viele Kilometer entfernt von Wenzenbach gibt es auch eine Kirche St. Peter. Sie liegt auf der Insel Spiekeroog in der Nordsee und sieht ganz anders aus als die Wenzenbacher Kirche. Nachdem du in den Hinwegen viel über die Gestaltung und Ausstattung von Kirchenräumen erfahren und in den Durchgängen wichtige Baustile kennengelernt hast, bist du nun gut ausgerüstet, um die Kirche St. Peter auf Spiekeroog selbst zu erkunden.

9 *Innenraum der Kirche St. Peter auf der Insel Spiekeroog*

Schau dir das obige Foto genau an und bearbeite zunächst die Aufgaben 1 bis 3.

1 Benenne die zwei Gegenstände, die im Vordergrund zu sehen sind, und beschreibe jeweils, wozu sie im Gottesdienst verwendet werden.

2 Ist diese Kirche der Romanik, der Gotik, dem Barock oder der Moderne zuzuordnen? Begründe deine Entscheidung in zwei Sätzen.

3 In der Bauweise erinnert St. Peter an ein Zelt. Findest du es gut, wenn eine Kirche wie ein Zelt geformt ist? Begründe deine Meinung in wenigen Sätzen.

Auf leisen Sohlen

Kirchen unterscheiden sich von anderen Räumen; deshalb gelten hier andere Verhaltensregeln. Die abgebildete Hinweistafel macht darauf aufmerksam, was man im Kirchenraum beachten sollte. Sie steht vor einer Kirche, die von sehr vielen Menschen besucht wird.

4 Formuliere für jeden der neun Hinweise ein kurzes Verbot. Beginne links oben und gehe die drei Reihen jeweils von links nach rechts durch.

5 Befasse dich mit den drei Hinweisen auf der rechten Seite. Nenne für jede der drei Verhaltensregeln einen Grund, warum sie in einer Kirche sinnvoll ist.

6 Erkläre kurz, welche der neun Verhaltensregeln dir am wenigsten einleuchtet.

7 Stell dir vor, eine Kirche wendet sich selbst an ihre Besucherinnen und Besucher: Welches Verhalten wünscht sie sich? Schreibe einen kurzen Brief, den die Kirche an ihre Gäste richtet. Verzichte dabei auf Verbote.

Kirchen haben einen Namen

Wenn ein Kind geboren ist, erhält es einen Namen. Viele Eltern möchten ihrem Kind mit dem Namen etwas mitgeben: Ein Magnus (lat.: der Große) soll einmal Großes leisten, eine Sophia (griech.: die Weisheit) soll sehr schlau werden. Doch nicht nur Menschen haben Namen, sondern auch Gruppen und Orte sowie Kirchen und Kirchengemeinden. Zahlreiche Kirchen tragen den Namen einer oder eines Heiligen. Der Namensgeber gilt als Schutzherr (Patron) der jeweiligen Kirche. Bereits in den ersten Jahrhunderten feierten Christinnen und Christen ↗Eucharistie an den Gräbern von Menschen, die für ihren Glauben gestorben waren, so etwa in Rom am Grab des ↗Apostels Petrus. Eigentlich ist jede Kirche als „Haus des Herrn" Jesus Christus geweiht. Deshalb begegnet uns manchmal der Name „Salvatorkirche": „Salvator" bedeutet Erlöser oder Heiland. Als Heilige im Laufe der Zeit immer stärker verehrt wurden, suchte man auch deren Namen für Kirchen aus. Dabei wurden in der Regel die Heiligen gewählt, von denen eine Gemeinde die meisten Reliquien besaß. Reliquien sind Überreste von Heiligen, besonders Gebeine, Asche oder Kleidungsstücke, die in den Altar eingebettet werden. Daneben bildete sich der Brauch heraus, Kirchen nach einem Glaubensgeheimnis (z.B. Dreifaltigkeitskirche) oder nach der Gottesmutter Maria zu benennen. Der Namenstag einer Kirche wird jedes Jahr gefeiert.

In der ↗evangelischen Kirche werden Heilige nicht in besonderer Weise verehrt. Trotzdem behielten viele Kirchengebäude ihren alten Namen bei. Neue evangelische Kirchen werden nach biblischen (z.B. Lukas) oder geschichtlichen Personen (z.B. Luther) oder nach christlichen Grundbegriffen (z.B. Auferstehung) benannt.

1 Kirche St. Georg (evangelisch)
2 Klosterkirche Maria Stern (katholisch)
3 Salvatorkirche (katholisch)
4 Spitalkirche zum Heiligen Geist (evangelisch)
5 Kirche St. Emmeram (evangelisch)
6 Kirche St. Josef (katholisch)

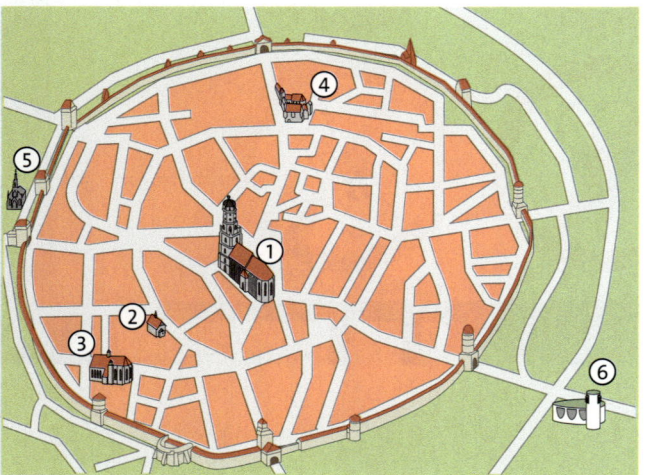

10 *Stadtplan von Nördlingen*

---

1 Viele, aber nicht alle Kirchen tragen Namen von Heiligen.
  a Lest den Text dieser Seite laut vor. Sammelt und besprecht, welche Aussagen euch überrascht haben.
  b Notiert an der Tafel, welche Möglichkeiten es gibt, Kirchen zu benennen.
  c Schreibe jeweils in einem Satz auf, was die Wörter „Reliquie" und „Patronat" bedeuten.

2 Am Stadtplan von Nördlingen lässt sich sehen, wie unterschiedlich Kirchen benannt werden können.
  a Untersuche die Namen dieser sechs Kirchen: Welche sind nach Heiligen benannt? Welche besitzen einen anderen Namen?
  b Sammelt und vergleicht eure Ergebnisse.

Franziskus von Assisi

wurde um 1181 in Italien geboren. Er war der Sohn wohlhabender Eltern. Als Soldat geriet Franziskus in Gefangenschaft und wurde krank. Schließlich wandte er sich Gott zu und verzichtete auf sein Erbe. Franziskus gründete eine kleine Gemeinschaft, aus der später ein berühmter Orden wurde. Franziskus orientierte sich ganz am Leben Jesu, zog umher, predigte Armut und Demut. Liebevoll sorgte er sich um Mensch und Tier und lobte die wunderbare Schöpfung Gottes. Auf seinen Gedenktag (4. Oktober) wurde der Welttierschutztag gelegt. Für Papst Franziskus ist sein Namensgeber das große Vorbild.

Albertus Magnus

wurde um 1200 im schwäbischen Lauingen geboren. Er war ein gelehrter Mann. Albertus beschäftigte sich mit Rechtsfragen, mit Philosophie und Theologie und erforschte bereits als Kind die Natur. Im Laufe seines Lebens verfasste er über 70 Schriften. Als junger Mann trat Albertus in den Orden der Dominikaner ein. Er studierte in Italien, Deutschland sowie in Frankreich und lehrte an verschiedenen Orten. Mit 60 Jahren wurde er Bischof von Regensburg, lebte aber bescheiden. Wegen seines großen Wissens trägt Albertus den Beinamen „der Große" und den Titel eines Kirchenlehrers.

Elisabeth von Thüringen

wurde 1207 geboren und war eine ungarische Prinzessin. Als Mädchen von vier Jahren kam sie an den Hof ihres späteren Ehemannes und wurde dort erzogen. Sie heiratete den Landgrafen von Thüringen und wurde Mutter von drei Kindern. Ihr Leben widmete Elisabeth den armen und kranken Menschen. Sie gründete zwei Krankenhäuser und pflegte dort eigenhändig die Kranken. Als eine schwere Hungersnot herrschte, verteilte Elisabeth sogar Lebensmittel aus den Vorratskammern ihres Mannes. Sie selbst lebte sehr genügsam. Im Alter von 24 Jahren starb Elisabeth.

3 In einem Neubauviertel findet eine Gemeindeversammlung statt. Stell dir vor, du bist Mitglied dieser Gemeinde und sollst dich für einen der drei oben genannten Namensvorschläge für eure neue Kirche entscheiden.

a Bildet für jeden Vorschlag mindestens eine Gruppe. Lest den jeweiligen Text und erstellt ein Plakat. Veranschaulicht darauf, wie die Person gelebt hat und was sie so besonders macht.

b Hängt eure Plakate im Klassenraum aus und stellt die drei Heiligen vor.

c Diskutiert eure Meinungen.

d Schreibe auf einen Zettel, wen du wählst. Sammelt die Zettel ein und zählt die Stimmen aus.

e Besprecht das Ergebnis eurer Abstimmung.

Ideenmappe Kirchenführer

Mach dich schlau: Welchen Namen trägt deine Heimatkirche?

a Erkundige dich im Internet (z. B. Heiligenkalender des Bonifatiuswerkes oder Ökumenisches Heiligenlexikon), welche Person oder welches Glaubensgeheimnis hinter dem Namen steckt. Notiere den Festtag und formuliere eine kurze Lebensbeschreibung oder Begriffsklärung.

b Beschaffe ein Bild, das den Namen deiner Heimatkirche veranschaulicht.

c Gestalte Blatt 7 der Ideenmappe mit dem Bild und wichtigen Informationen zum Namen deiner Heimatkirche.

Ein Haus aus lebendigen Steinen?

Vor zwei Jahren bin ich in den Pfarrgemeinderat gewählt worden. Wir organisieren viele Aktivitäten.

Ich wohne noch nicht lange in dieser Gemeinde. Seit ich in der Eltern-Kind-Gruppe bin, habe ich Anschluss.

Als Pfarrer leite ich drei Gemeinden. Zu meinen wichtigsten Aufgaben gehören das Feiern von Gottesdiensten und das Gespräch mit den Menschen.

Ich leite eine Erstkommuniongruppe. Mir ist es nämlich wichtig, dass Kinder Gemeinschaft im Glauben erleben.

Fast jeden Sonntag bin ich im Gottesdienst. Dort kann ich mich auf Gott besinnen.

Seit ein paar Wochen leben Flüchtlinge an unserem Ort. In einem Arbeitskreis versuchen wir, ihnen zu helfen.

Ich bringe die Kommunion zu Kranken, die nicht in die Kirche kommen können. Es ist toll, wie sehr sie sich freuen.

Beim jährlichen Pfarrfest bin ich für den Grillstand zuständig. Da kann man sich echt auf mich verlassen.

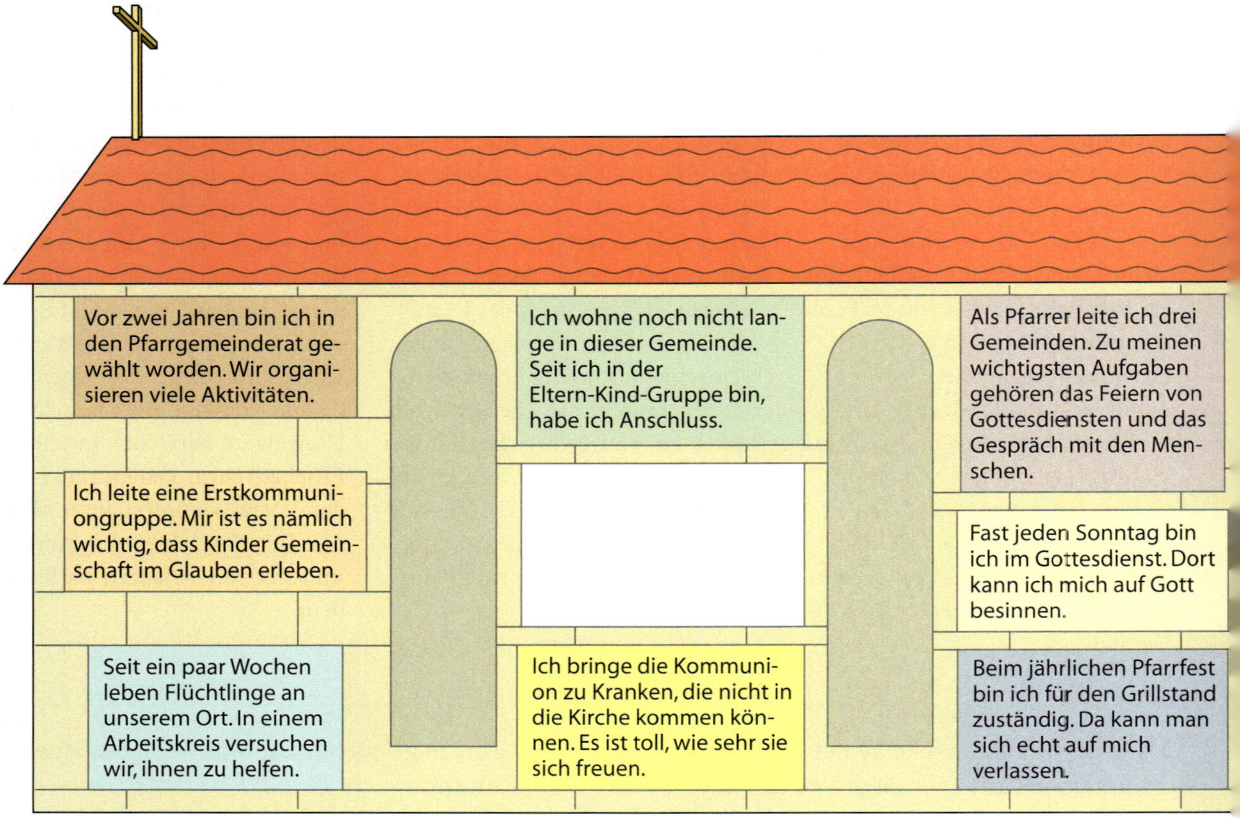

1 Nimm dir kurz Zeit, um die Grafik zu betrachten. Teilt dann mit, was euch spontan einfällt.

2 Eine einzige Gemeinde – aber so unterschiedliche Menschen.
- **a** Lest die kurzen Texte in verteilten Rollen vor.
- **b** Besprecht zu zweit, welche der genannten Aufgaben am interessantesten, am schwierigsten, am wichtigsten oder am ungewöhnlichsten ist. Nennt die Aufgabe, die euch am besten gefällt.
- **c** Was bewegt die Menschen, in der Gemeinde mitzuwirken? Sucht nach Antworten in der Grafik und sammelt sie in übersichtlicher Weise an der Tafel.
- **d** Manche Aktivitäten der Gemeinde sind verknüpft mit besonderen Zeiten oder Festen im

Jahreslauf (z. B. Advent, Weihnachten, Epiphanie, Fastenzeit, Karwoche, Ostern, Fronleichnam, Erntedank). Überlege, ob und was genau du schon einmal im Kirchenjahr mitgemacht hast. Berichtet dann in der Lerngruppe, welche Aktivitäten euch eingefallen sind.

3 Denke dir ein Gemeindemitglied aus, das oben nicht zu Wort kommt. Versetze dich in diese Person und schreibe auf, was sie über sich und ihre Aufgabe sagt. Stellt euch eure Texte gegenseitig vor.

4 „Die Kirche ist ein Haus aus lebendigen Steinen." (vgl. 1 Petr 2,5) Diskutiert, was für oder gegen diesen Satz spricht.

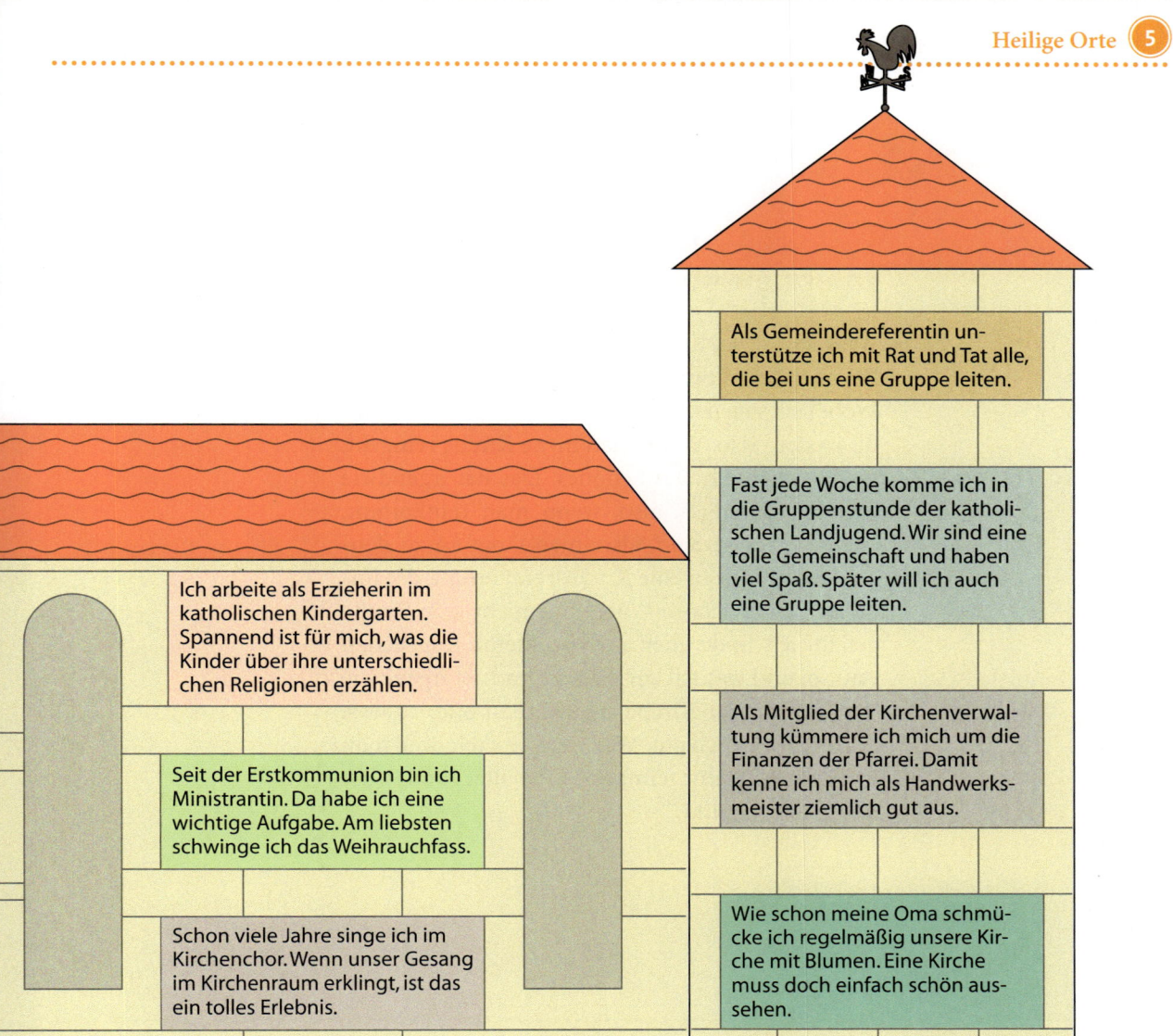

Als Gemeindereferentin unterstütze ich mit Rat und Tat alle, die bei uns eine Gruppe leiten.

Fast jede Woche komme ich in die Gruppenstunde der katholischen Landjugend. Wir sind eine tolle Gemeinschaft und haben viel Spaß. Später will ich auch eine Gruppe leiten.

Ich arbeite als Erzieherin im katholischen Kindergarten. Spannend ist für mich, was die Kinder über ihre unterschiedlichen Religionen erzählen.

Als Mitglied der Kirchenverwaltung kümmere ich mich um die Finanzen der Pfarrei. Damit kenne ich mich als Handwerksmeister ziemlich gut aus.

Seit der Erstkommunion bin ich Ministrantin. Da habe ich eine wichtige Aufgabe. Am liebsten schwinge ich das Weihrauchfass.

Schon viele Jahre singe ich im Kirchenchor. Wenn unser Gesang im Kirchenraum erklingt, ist das ein tolles Erlebnis.

Wie schon meine Oma schmücke ich regelmäßig unsere Kirche mit Blumen. Eine Kirche muss doch einfach schön aussehen.

Ideenmappe Kirchenführer

Stelle nun deine Ideenmappe fertig.

a Informiere dich im Pfarrbrief und auf der Homepage deiner Gemeinde: Welche Gottesdienste werden jede Woche gefeiert? – Welche Gruppen und Arbeitskreise sind in der Gemeinde aktiv? – Welche besonderen Ereignisse (z. B. Feste, ↗Wallfahrten, Ausflüge) finden im Laufe eines Jahres statt?

b Gestalte auf Blatt 8 deiner Ideenmappe ein Plakat, das für die Gottesdienste, Gruppen und Aktivitäten deiner Gemeinde wirbt.

c Was gefällt dir besonders gut am Inneren oder Äußeren deiner Heimatkirche? Zeichne selbst oder suche nach einer Abbildung (z. B. Zeichnung, Foto, Ansichtskarte). Klebe das Bild auf Blatt 9 deiner Ideenmappe und schreibe einen kurzen Untertitel dazu.

Was die 17-jährige Marlen in einem Interview über die Kirche sagt

„Was ich …, ja, Kirche! Die katholische Kirche ist für mich eher etwas Negatives, ich weiß nicht. (…) Wobei ich sagen muss, dass die Kirche, das Gebäude an sich, also: Wenn man in 'ne Kirche reingeht, ist das für mich was Schönes. Das hat irgendwie was Ehrfürchtiges, also, wenn man reinkommt, auch das ‚Leise-Sein', also, man fängt an zu denken, wenn man in eine Kirche reinkommt, das finde ich schon schön. Wobei mir nicht jede Kirche gefällt, ich finde eher auch so kleine Kapellchen und so, und was ich auch schön find, ist irgendwie 'ne Kerze in der Kirche anzuzünden oder so was, finde ich wirklich gut. Weil man einfach, weil man in dem Moment einfach abschaltet und über Sachen nachdenkt."

1 Marlens Aussagen geben zu denken.

a Lest den Text zweimal laut vor. Legt dann vier Papierbögen in Plakatgröße aus und beschriftet ihre Mitte jeweils mit einer der folgenden Formulierungen:

- Ich würde Marlen am liebsten fragen …
- Wenn ich selbst in eine Kirche hineingehe, ist das für mich …
- Manche sagen, Kirchen sind Orte der besonderen Gegenwart Gottes. Marlen meint, Kirchen hätten „irgendwie was Ehrfürchtiges". Ich finde …
- Marlen erzählt von Kirchen, die sie besonders schön findet. Meine Lieblingskirche …

b Nun könnt ihr – ohne dabei miteinander zu sprechen – eure Gedanken auf die entsprechenden Plakate schreiben und euch mit verbindenden Pfeilen auch aufeinander beziehen.

c Schau die vier Plakate noch einmal genau an, sobald sie komplett sind. Wähle jetzt einen Gedanken aus, mit dem du selbst viel anfangen kannst, und schreibe ihn ins Heft.

d Kommt im Sitzkreis zusammen und lest euch alle Gedanken vor, die ihr ausgesucht habt.

Lexikon

Elementarbegriffe der Religion

Advent

Das Wort „Advent" stammt aus dem Lateinischen und bedeutet „Ankunft". Der Advent ist die Zeit, in der sich Christinnen und Christen auf Weihnachten als Fest der Geburt Jesu Christi vorbereiten, aber auch ihre Hoffnung auf seine Wiederkunft richten. Der Advent ist unterschiedlich lang; er beginnt mit dem vierten Sonntag vor Weihnachten und endet an Heiligabend (24. Dezember).

Altes Testament

Die Bibel besteht aus zwei großen Büchersammlungen. Der erste, ältere und weit umfangreichere Teil wird „Altes Testament" genannt. Er reicht vom Buch Genesis bis zum Buch Maleachi. Mit der ▶ Tora, den Geschichtsbüchern, der Weisheitsliteratur und den Prophetenbüchern lassen sich vier Schriftengruppen unterscheiden. Das Alte Testament erzählt die Geschichte Gottes mit seinem Volk Israel.

Antike

Das Wort „Antike" (lat. antiquus: alt) bedeutet „Altertum". Als Antike wird ein Zeitraum bezeichnet, der mit Erfindung der Schrift beginnt (ca. 3000 v. Chr.) und mit dem Untergang des Weströmischen Reiches bzw. der Taufe des Frankenherrschers Chlodwig (um 500 n. Chr.) endet.

Apostel

Das Wort „Apostel" stammt aus dem Griechischen und bedeutet „Gesandter" oder „Bote". Jesus selbst berief zwölf Apostel als Vertreter der zwölf Stämme Israels (vgl. Lk 6,13–16). Schrittweise weitete sich der Kreis derer, die Apostel genannt werden, von Paulus (vgl. 1 Kor 15,3–11) über die Leiterinnen und Leiter frühchristlicher Gemeinden bis hin zu heutigen Zeuginnen und Zeugen Jesu Christi.

Babylonisches Exil

„Babylonisches Exil" bezeichnet den Zeitraum 586 bis 538 v. Chr. sowie ein einschneidendes Ereignis in der Geschichte des Volkes Israel. Nach der Zerstörung Jerusalems und des ▶ Tempels wurden viele Israeliten für längere Zeit nach Babylon verschleppt. Angesichts dieser Verbannung stellten sich die Israeliten die drängende Frage, ob sie von Gott bestraft oder verlassen worden sind.

Bilderverbot

In den zehn Weisungen des ▶ Alten Testaments findet sich das Bilderverbot. Es lautet: „Du sollst dir kein Kultbild machen, keine Gestalt von irgendetwas am Himmel droben, auf der Erde unten oder im Wasser unter der Erde." (Dtn 5,8; vgl. Ex 20,4) Ursprünglich wurde damit untersagt, den geheimnisvollen Gott Israels als eine Figur darzustellen, die verehrt und angebetet wird. Heute wird das Bilderverbot in Judentum, Christentum und Islam unterschiedlich gedeutet. Im Christentum ist es vielfach üblich, Gott in Bildern darzustellen, weil Gott sich in Jesus Christus gezeigt hat. In Judentum und Islam ist eine bildliche Darstellung Gottes ausgeschlossen.

Bund

So lautet in der Bibel die Übersetzung des hebräischen Wortes „berit", das die enge und verlässliche Bindung Gottes an sein Volk Israel bezeichnet. Der treue Bundesgott erwartet, dass auch Israel ihm treu bleibt. Im ▶ Neuen Testament bekräftigt und erneuert Jesus diesen Bund durch Worte und Taten bis hin zu seinem Tod.

Dreieinigkeit

Wie Juden und Muslime glauben auch Christen an den einen Gott (▶ Eingottglaube). Sie sind jedoch überzeugt, dass dieser eine Gott als Vater, als Sohn und als Heiliger Geist benannt werden kann. Als Vater umgreift er die Welt, als Sohn kam er in die Welt und als Geist durchwirkt er die Welt. Diese Dreieinigkeit von Vater, Sohn und Heiligem Geist ist typisch für das Christentum. Das Fachwort für Dreieinigkeit lautet „Trinität" (lat. trinitas: Dreiheit).

Eingottglaube

Der ausschließliche Glaube an einen einzigen Gott ist kennzeichnend für Judentum, Christentum und Islam. Das Fachwort für den Eingottglauben lautet „Monotheismus" (griech. mónos: einzig).

Eucharistie

Kurz vor seinem Tod feierte Jesus mit den zwölf ▶ Aposteln ein Abschiedsmahl (vgl. Mk 14,22–25 und 1 Kor 11,23–26). Jesus sprach den Lobpreis über Brot und Wein und gebot den Jüngern, dieses Mahl auch zukünftig als Zeichen seiner Gegenwart zu feiern. Heute wird diese Feier unterschiedlich benannt. In der ▶ katholischen Kirche spricht man zumeist von der Eucharistiefeier. Das Wort „Eucharistie" kommt aus dem Griechischen und bedeutet „Danksagung". In der Feier dankt die Gemeinde Gott dafür, dass er Jesus als Retter gesandt hat. Wie schon bei Jesu Abschiedsmahl wird dabei eine Schale mit Brot, den Hostien (lat. hostia: Opfergabe), und ein Kelch mit Wein gesegnet und geteilt.

Hostienschale und Kelch bei der Eucharistiefeier

Evangelische Kirchen

Vor etwa 500 Jahren stritten sich die Christinnen und Christen in Mitteleuropa, ob sich die römisch-katholische ▶ Kirche wirklich noch an der biblischen Botschaft ausrichtet. Dies wurde besonders von Martin Luther, Ulrich Zwingli und Johannes Calvin bezweifelt. Aus diesem Streit heraus entstanden neue Kirchen, die sich von der römisch-katholischen Kirche abwandten. Diese Kirchen nennen sich evangelisch, weil ihnen das ▶ Evangelium Jesu Christi besonders wichtig ist. In Deutschland gibt es heute 20 evangelische Landeskirchen, darunter die Evangelisch-Lutherische Kirche in Bayern.

Evangelium

Das Wort „Evangelium" kommt aus dem Griechischen und bedeutet „gute Nachricht". Jesus selbst verkündete das Evangelium, dass sich Gott um die Menschen kümmert (vgl. Mt 11,5). In der Bibel werden jene vier Bücher als Evangelien bezeichnet, welche die Geschichte von Jesus erzählen, nämlich Matthäus, Markus, Lukas und Johannes.

Goldene Regel

Die Goldene Regel formuliert eine Richtschnur für jedes menschliche Handeln. Es gibt zwei Formulierungen dieser Regel:

1. Wir sollen andere so behandeln, wie wir dies selbst von ihnen wünschen.
2. Was wir selbst nicht wünschen, sollen wir auch den anderen nicht antun.

Nicht nur Jesus formulierte die Goldene Regel (vgl. Mt 7,12; Lk 6,31); sie findet sich auch in allen Weltreligionen.

JHWH

Diese vier Buchstaben bilden den jüdischen Gottesnamen. JHWH ist der Name des Gottes Israels und kommt im ▶ Alten Testament 6828 Mal vor. Die ursprüngliche Aussprache dieses Namens ist unklar. Aus Ehrfurcht gegenüber Gott wird dieser Name von gläubigen Jüdinnen und Juden nicht ausgesprochen. Stattdessen sagen sie „Herr" oder verwenden einen anderen Titel, z. B. „der Allmächtige". Am besten erklärt man diesen Namen mit Gottes Selbstzusage „Ich bin, der ich bin" (Ex 3,14).

Die vier hebräischen Buchstaben des jüdischen Gottesnamens (zu lesen von rechts nach links)

Katholische Kirche

Das Wort „katholisch" kommt aus dem Griechischen und bedeutet wörtlich „umfassend" oder „weltweit". Als katholisch bezeichneten sich zunächst sämtliche Christinnen und Christen. Jedoch hat sich die eine, umfassende ▶ Kirche in der Geschichte mehrfach gespalten, sodass heute viele Kirchen bestehen. Von diesen vielen Kirchen ist die römisch-katholische Kirche, deren Oberhaupt der Papst ist, die weltweit größte. Sie umfasst über eine Milliarde Gläubige. In Bayern gliedert sich die römisch-katholische Kirche in zwei Erzdiözesen (Bamberg und München-Freising) sowie fünf Diözesen (Augsburg, Eichstätt, Passau, Regensburg, Würzburg).

Kirche

Schon bald nach dem Tod und der Auferweckung Jesu Christi verbanden sich Menschen, die an ihn glaubten, zu Gemeinden, die sich „Kirche" nannten (griech. kyriakós: zum Herrn gehörig). Über die Jahrhunderte hinweg entstand eine große, weltweite Gemeinschaft. Zugleich kam es immer wieder zu Streit und Spaltungen, sodass es heute verschiedene Kirchen gibt. Am wichtigsten sind hierzulande die römisch-▶ katholische Kirche, die ▶ evangelischen Kirchen und die ▶ orthodoxen Kirchen. Als Kirche bezeichnet man aber nicht nur eine Gemeinschaft

von Gläubigen („Ich gehöre zur Kirche."). Auch das Gebäude, in dem Christinnen und Christen zusammenkommen („Die Kirche steht in der Mitte des Dorfes."), und ihre gemeinsame Feier („Gehst du sonntags mit zur Kirche?") werden Kirche genannt.

Messias

Dieses Wort kommt aus dem ▶ Alten Testament und ist mit „der Gesalbte" zu übersetzen. Vor allem die Könige und Priester in Israel erhielten diesen Titel. Eine Salbung ist etwas Besonderes: Sie bestärkt den Gesalbten mit Gottes Geist. Der Messias wird als zukünftige Gestalt erwartet, die Israel und die ganze Welt retten sowie ein Reich des Friedens schaffen wird. Im ▶ Neuen Testament wird der Messiastitel für Jesus verwendet. Das griechische Wort für Gesalbter (christós) wird sogar zu seinem Eigennamen: Jesus Christus. Für Christinnen und Christen ist also der Messias in Jesus bereits erschienen.

Neues Testament

Die Bibel besteht aus zwei großen Büchersammlungen. Die zweite, jüngere und kleinere Sammlung wird „Neues Testament" genannt. Sie reicht vom Evangelium des Matthäus bis zur Offenbarung des Johannes. Mit den ▶ Evangelien, der Apostelgeschichte, der Briefliteratur und der Johannesoffenbarung lassen sich vier Arten von Schriften unterscheiden. Das Neue Testament thematisiert Leben, Tod und Auferstehung Jesu Christi sowie den Glauben der frühen Christinnen und Christen.

Orthodoxe Kirchen

Das Wort „orthodox" kommt aus dem Griechischen und bedeutet wörtlich „rechtgläubig". Seit der Trennung von Ost- und Westkirche (1054 n. Chr.) bezeichnen sich die östlichen ▶ Kirchen (z. B. in Russland, Rumänien, Griechenland) als orthodox. Weil viele Menschen aus Osteuropa nach Deutschland einwandern, finden sich auch hier zunehmend orthodoxe Gemeinden. Für sie sind innige Gottesdienste, die oftmals mehrere Stunden dauern, besonders wichtig.

Pharisäer

Die Pharisäer waren eine innerjüdische Bewegung, die zur Zeit Jesu im Volk hohes Ansehen genoss. Unter ihnen waren viele Schriftgelehrte, die sich intensiv mit der Auslegung der ▶ Tora befassten. Die Pharisäer setzten sich dafür ein, das ganze Leben an der Tora und ihren Weisungen (z. B. ▶ Sabbat) auszurichten. Sie wollten Gott in jedem Tun nahe sein und so den Alltag heilig machen (vgl. Lev 19,2). Deshalb war der Jerusalemer ▶ Tempel als heiliger Ort für sie weniger wichtig. Die Pharisäer glaubten an die Auferstehung und erhofften einen ▶ Messias. Gegenüber der römischen Besatzungsmacht verhielten sie sich zurückhaltend. Zwar erzählen die Evangelien von Streitgesprächen Jesu mit Pharisäern, zugleich teilte Jesus aber viele Ansichten mit ihnen (vgl. Mt 23,2).

Psalm/Psalmen

Psalmen sind vielfältige Gebete, die im biblischen Buch der Psalmen gesammelt wurden. Wahrscheinlich wurden Psalmen früher gesungen, man weiß aber nicht mehr genau, wie. Heute werden Psalmen sehr oft im Wechsel gebetet. Dabei spricht eine Gruppe die ersten Halbverse und eine zweite Gruppe die zweiten Halbverse. Ein Sternchen zeigt die Mitte jedes Psalmverses an, wo nach einer winzigen Stille gewechselt wird. Alternativ können sich zwei Gruppen von Vers zu Vers abwechseln; beim Sternchen halten die Sprechenden für einen Moment inne.

Sabbat (auch: Schabbat)

Der Sabbat ist der siebte Tag der Woche. Er entspricht dem Samstag als Wochentag. Der Sabbat wird von Gott in der Schöpfungserzählung als Ruhetag bestimmt (vgl. Gen 2,3) und seinem Volk Israel zu beachten aufgegeben (vgl. Ex 20,8). Als Tag der Ruhe und des Gottesdienstes stellt der Sabbat für Jüdinnen und Juden den Höhepunkt der Woche dar. Für die Christinnen und Christen gipfelt die Woche im Sonntag als dem „ersten Tag der Woche" (Apg 20,7), an dem Jesus auferstanden ist.

Sadduzäer

Die Sadduzäer waren eine kleine Gruppe schriftgelehrter Priester am Jerusalemer ▶ Tempel. Einige von ihnen besaßen großen wirtschaftlichen und politischen Einfluss. Aus ihren Reihen kamen viele Hohepriester. Für die Sadduzäer war die ▶ Tora die wichtigste Richtschnur; sie legten größten Wert darauf, nach deren Weisungen zu leben. Die sorgfältige Ausübung der kultischen Vorschriften und der Tempelgottesdienst waren ihnen sehr wichtig. Die Hoffnung auf eine Auferstehung lehnten sie ab; der Erwartung eines ▶ Messias begegneten sie mit großer Zurückhaltung. Die Sadduzäer suchten den Ausgleich mit Rom, um ihre eigene Macht zu erhalten oder die schlimmen Folgen eines Krieges zu vermeiden.

Samariter

Die Samariter waren eine religiöse Gruppe, die im Gebiet von Samarien lebte (vgl. Karte S. 36). Die ▶ Tora war ihnen sehr wichtig. Nicht der ▶ Tempel in Jerusalem, sondern der Berg Garizim war ihr religiöses Zentrum. Deswegen kam es zwischen Samaritern und jüdischen Bewohnern von Galiläa und Judäa oftmals zu Spannungen. Trotzdem musste man als Nachbarn miteinander auskommen, zumal man gemeinsam die Tora achtete. Im ▶ Neuen Testament werden die Samariter nur selten genannt (vgl. z. B. Lk 9,52; 10,25–37). Einige Hundert von ihnen gibt es noch heute.

Synagoge

Dieses Wort stammt aus dem Griechischen und bedeutet „Versammlung". Im Judentum ist die Synagoge ein Gebäude, in dem Gläubige zusammenkommen, um zu beten, die ▶ Tora zu lesen und Gottesdienst zu feiern, aber auch um zu lernen oder um sich auszutauschen. Zwar gab es schon zur Zeit Jesu Synagogen, entscheidende Bedeutung gewannen sie aber nach der Zerstörung des Jerusalemer ▶ Tempels (70 n. Chr.).

Modell des Jerusalemer Tempels zur Zeit Jesu

Tempel

Grundsätzlich bezeichnet „Tempel" einen Bau, in dem eine Gottheit wohnt und in dem ihr gedient wird. Der Jerusalemer Tempel war das zentrale Heiligtum des Judentums. Schon etwa 1000 v. Chr. vorbereitet (König David) und erbaut (König Salomo), wurde er zwischenzeitlich vernichtet (▶ **Babylonisches Exil**) und wieder aufgebaut. Zur Zeit Jesu erreichte er seine größte Ausdehnung und Pracht, kurz danach (70 n. Chr.) zerstörten ihn die Römer endgültig. Zum Jerusalemer Tempel pilgerten einst unzählige Gläubige, um dort zu beten und Opfergaben zu bringen. Als Überrest des Tempels blieb nur die „Klagemauer" erhalten. Hier wenden sich Jüdinnen und Juden aller Welt an Gott.

Tora (auch: Thora)

Mit dem jüdischen Wort „Tora" werden die ersten fünf Bücher der Bibel bezeichnet: Genesis, Exodus, Levitikus, Numeri und Deuteronomium. Aufgrund ihrer Anzahl werden die Bücher der Tora auch „Pentateuch" (griech.: „Fünfbuch") genannt. Im Judentum ist die Tora der wichtigste Teil der heiligen Schriften, weil sie die entscheidenden Weisungen Gottes für ein gelingendes Lebens enthält.

Vielgötterglaube

Der Glaube an viele unterschiedliche Gottheiten war typisch für die ▶ **antiken** Religionen der Mesopotamier, Ägypter, Griechen und Römer. Der Fachbegriff für den Vielgötterglauben lautet „Polytheismus" (griech. polýs: viele).

Wallfahrt

Bei einer Wallfahrt machen sich Gläubige betend, singend und schweigend auf einen gemeinsamen Weg zu einem besonderen Ort. Viele Religionen kennen solche Wallfahrten. Gerade ▶ **katholischen** und ▶ **orthodoxen** Christinnen und Christen sind Wallfahrten wichtig. Bekannte Wallfahrtsorte sind Jerusalem, Rom, Santiago de Compostela, Lourdes und Altötting.

Zeloten

Die Zeloten waren eine innerjüdische Gruppierung zur Zeit Jesu, die in Glaubensfragen viel mit den ▶ **Pharisäern** gemeinsam hatte, aber politisch in offenen Widerstreit zur römischen Besatzungsmacht trat. In der Überzeugung, dass Gott der wahre König Israels sei, kämpften sie gegen die Römer.

Personen- und Sachregister

Bildquellenverzeichnis

S. 7: Quint Buchholz: „Nachts mit Buch (II.)", aus: Quint Buchholz, Im Land der Bücher, © 2013 Sanssouci im Carl Hanser Verlag München

S. 19: Andreas Felger: „Ruf Gottes", Holzdruck auf Papier, 48 × 61 cm, 1978 © Andreas Felger Kulturstiftung, www.af-kulturstiftung.de

S. 28: picture-alliance/Eibner-Presse

S. 30: Plant-for-the-Planet

S. 31: picture-alliance/dpa/Marc Müller

S. 33: Robert Weber: „Ankunft/Advent", Siebdruck und Gold auf Papier, 140 × 100 cm, 2005; Foto: Sebastian Schobbert

S. 38: Prof. Jürgen Zangenberg

S. 43: Dinah Roe Kendall/Bridgeman Images/Private Collection

S. 46: Kreidezeichnung der Geburt Christi an der Wand einer katholischen Kirche in Dali (China, Provinz Yunnan), 2007; akg-images/Yan Travert

S. 54: Thomas Plaßmann

S. 59: Hand Gottes, Wandmalerei aus S. Clemente de Tahull (um1123); Interfoto/Photoaisa

S. 60: A: Jon Lindner, B: Simon Kurz

S. 61: C: Julian Schlegel, D: Lorenz Haberl

S. 63: Getty Images/Universal Images Group/W. Forman

S. 65: Interfoto/Mary Evans

S. 67: Bridgeman Images

S. 68: Bridgeman Images

S. 69: Bridgeman Images

S. 71: o.: Mauritius Images/Alamy

S. 73: Interfoto/Granger, NYC

S. 75: li.: akg-images/De Agostini Picture Lib.

S. 76: Margaretha Pawlischek, München

S. 77: re.: Kati Pöschl

S. 85: Shutterstock

S. 94: A: Fotolia/Simone van den Berg, B: Shutterstock/Denis Kuvaev, D: Shutterstock/Monkey Business Images, E: Shutterstock/vitmark

S. 95: C: Fotolia/Farina3000, F: Fotolia/Starpics

S. 96: Andreas Felger: „Vater Unser I", Aquarell auf Papier, 74,5 × 74,5 cm, 2004 © Andreas Felger Kulturstiftung, www.af-kulturstiftung.de

S. 97: A: Fotolia/Shmel, B: Fotolia/slasnyi, C: Shutterstock/ Fabio Balbi, D: Fotolia/imageaetc.

S. 98: © Nolde Stiftung Seebüll/ © 2015. Digital image, The Museum of Modern Art, New York/Scala, Florence

S. 104: A: Fotolia/Ingo Bartussek, B: Fotolia/olly, C: Fotolia/ lightpoet, D: Fotolia/bramgino

S. 111: Photoshot

S. 114: li.: picture-alliance/Süddeutsche Zeitung, re.: Fotolia/byheaven

S. 115: o.: picture-alliance/Horst Ossinger, u.: F1online

S. 116/117: Wolfgang Matzke, Kreuzberg (Freyung)

S. 118/119: Wolfgang Matzke, Kreuzberg (Freyung)

S. 121: Johann Jilka, Altenstadt

S. 122: li.: imago stock&people, re.: Mauritius Images/imagebroker/ Martin Moxter

S. 123: picture-alliance/Westend 61

S. 124: SZ-Photo/Juri Gottschall

S. 125: A und B: Mauritius Images/Alamy, C: picture-alliance/ Peter Eberts, D: picture-alliance/Bildarchiv Monheim

S. 126: Ullstein Bild/Westend 61/Ch. Falkenberg

S. 127: Peter Manev, Selb

S. 128: li.: picture-alliance/A. Bednorz, re.: F1 online/Imagebroker

S. 129: li.: KNA-Bild, re.: laif/Heiko Meyer

S. 130: Dr. Frank W. Rudolph, Niederweidbach

S. 131: F1 online/Imagebroker

S. 133: li.: F1 online, mi.: bpk-images/adoc-photos, re.: Mauritius Images/United Archives

S. 138: KNA/Harald Oppitz © 2014

S. 141: Fotolia/lawcain

Textquellenverzeichnis

Alle in diesem Buch abgedruckten Bibeltexte sind entnommen aus: Die Bibel. Einheitsübersetzung der Heiligen Schrift. Gesamtausgabe. Herausgegeben im Auftrag der Deutschen Bischofskonferenz, der Österreichischen Bischofskonferenz, der Schweizer Bischofskonferenz, des Erzbischofs von Luxemburg, des Erzbischofs von Vaduz, des Erzbischofs von Straßburg, des Bischofs von Bozen-Brixen, des Bischofs von Lüttich. © Stuttgart (Katholische Bibelanstalt GmbH) 2016. Lizenzausgabe © Stuttgart (Verlag Katholisches Bibelwerk GmbH) 2016, 1. Auflage 2016. – Aus didaktischen Gründen wurde Sir 51,10 (S. 74 und 97) in der Fassung der Einheitsübersetzung von 1980 belassen.

S. 25: Psalm 23. Zitiert nach: Katholisches Gebet- und Gesangbuch mit Eigenteil des Bistums Würzburg. Würzburg (Echter-Verlag) 1975, S. 666; der abgedruckte Psalmtext folgt der neuen Einheitsübersetzung der Bibel.

S. 27: Auszug aus dem Lied „Lifeline" von Anastacia; Eigenübersetzung der Autoren.

S. 32: Ernesto Cardenal: Psalm 150. In: ders.: Psalmen. Aus dem Spanischen von Stefan Baciu. Wuppertal (Peter Hammer Verlag) 2008, S. 81.

S. 53: WHAM!: Last Christmas. Übersetzung von Schülerinnen und Schülern des Annette-Kolb-Gymnasiums Traunstein.

S. 58: Jutta Richter: Was würdest du machen, wenn Weihnachten wär'. In: Gabriele Cramer: Ich dreh die Wörter einfach um. Gedichte im Religionsunterricht. München (Kösel-Verlag) 2012, S. 163.

S. 78: Lobpreis. In: (Erz-)Bischöfe Deutschlands, Österreichs und Bischof von Bozen-Brixen (Hrsg.): Gotteslob. Katholisches Gebet- und Gesangbuch. Ausgabe für die Diözese Regensburg. Stuttgart/Regensburg (Katholische Bibelanstalt GmbH/Pustet) 2013, S. 55.

S. 79: Gebete von Lara/Carina und Anna. In: Bischöfliches Generalvikariat Münster (Hrsg.): Ich bin da. Gebete von Jugendlichen für Jugendliche. Münster (dialogverlag) 2009, S. 17 und 89.

S. 84: Lene Mayer-Skumanz: Wie Kathi sich Gott vorstellt. In: dies.: Jakob und Katharina. Wien (Herder) 1981, S. 12.

S. 88: Auszug aus Dr. med. Eckart von Hirschhausen: Die Pinguin-Geschichte. In: ders.: Glück kommt selten allein ... Reinbek (Rowohlt-Verlag GmbH) 2011, S. 355.

S. 108: o. re. Inhaltsverzeichnis aus Liturgische Konferenz (Hrsg.): Neues Evangelisches Pastorale. Text, Gebete und kleine liturgische Formen für die Seelsorge. Gütersloh (Gütersloher Verlagshaus), 5. Auflage 2005.

S. 109: Text li. aus: Wilhelm Albrecht/Helmut Anselm (Hrsg.): Neuen Atem holen. Gebete und Gedanken zum Schultag an weiterführenden Schulen. München (Don Bosco Verlag) 2003, S. 42. – Text o. re. aus: Erz-)Bischöfe Deutschlands, Österreichs und Bischof von Bozen-Brixen (Hrsg.): Gotteslob. Katholisches Gebet- und Gesangbuch. Ausgabe für die Diözese Regensburg. Stuttgart/Regensburg (Katholische Bibelanstalt GmbH/Pustet) 2013, S. 665. – Text u. re. aus: Uwe Seidel/Diethard Zils: Das Brot ist der Himmel. Gebete, Geschichten, Meditationen aus ‚Schalom'. Düsseldorf/Neukirchen-Vluyn (Patmos/Schriftenmissions-Verlag) 1985, S. 124.

S. 110: Jens Rasmuss: Richtig nass. In: ders.: Ein Pflaster für den Zackenbarsch. Geschichten vom Doktorfisch. St. Pölten/Salzburg/Wien (Residenz Verlag), S. 30 ff.

S. 136: Was die 17-jährige Marlen in einem Interview über die Kirche sagt. Aus: Andreas Prokopf/Hans-Georg Ziebertz: Wo wird gelernt? Schulische und außerschulische Lernräume. In: Georg Hilger/Stephan Leimgruber/Hans-Georg Ziebertz: Religionsdidaktik. Ein Leitfaden für Studium, Ausbildung und Beruf. München (Kösel-Verlag), 6. Auflage 2010, S. 263.

Redaktion: Peter Süß, Heidelberg
Illustration: Josep Rodes, Murnau
Grafik: Detlef Seidensticker, München
Umschlagkonzept und Umschlaggestaltung: Corinna Babylon & Jule Kienecker, Berlin
Umschlagfoto: Shutterstock
Layoutkonzept: grundmanngestaltung, Karlsruhe
Layout und technische Umsetzung: Arnold & Domnick, Leipzig

Zugelassen als Lehrbuch für den katholischen Religionsunterricht am Gymnasium
von den Diözesanbischöfen von Augsburg, Bamberg, Eichstätt, München und Freising,
Passau, Regensburg und Würzburg.

www.oldenbourg.de

1. Auflage, 1. Druck 2017

Alle Drucke dieser Auflage sind inhaltlich unverändert und können
im Unterricht nebeneinander verwendet werden.

© 2017 Cornelsen Verlag GmbH, Berlin

Druck: Mohn Media Mohndruck, Gütersloh

ISBN: 978-3-7627-0543-7

PEFC zertifiziert
Dieses Produkt stammt aus nachhaltig
bewirtschafteten Wäldern und kontrollierten
Quellen.
www.pefc.de

PEFC/04-31-1033